城镇微更新与乡村振兴的探索与实践

杨景胜　王鲁峰　叶树澎　冷　亮　著

中国城市出版社

图书在版编目（CIP）数据

城镇微更新与乡村振兴的探索与实践 / 杨景胜等著．—北京：中国城市出版社，2020.5
ISBN 978-7-5074-3271-8

Ⅰ.①城… Ⅱ.①杨… Ⅲ.①农村－社会主义建设－研究－中国 Ⅳ.① F320.3

中国版本图书馆 CIP 数据核字（2020）第 052566 号

责任编辑：黄 翊 陆新之
责任校对：芦欣甜

城镇微更新与乡村振兴的探索与实践
杨景胜 王鲁峰 叶树澎 冷 亮 著
*
中国城市出版社出版、发行（北京海淀三里河路9号）
各地新华书店、建筑书店经销
北京雅盈中佳图文设计公司制版
天津翔远印刷有限公司印刷
*
开本：787×1092 毫米 1/16 印张：10½ 字数：201千字
2020 年 6 月第一版 2020 年 6 月第一次印刷
定价：58.00元
ISBN 978-7-5074-3271-8
（904260）

目　录

第一章 绪论

第一节 我国城乡发展背景

一、经济转变

（一）经济持续快速增长，跃居为世界第二大经济体

改革开放以来，我国经济一直保持快速增长，堪称“中国奇迹”。1978~2017 年，国内生产总值年均增长速度达到了 9.5%，其中，2003~2007 年这五年间，我国的国内生产总值增速都在 10% 以上（见图 1–1）。我国经济增长速度远高于世界平均水平，1978~2017 年世界经济的年均增速仅为 2.9% 左右，我国高于世界平均水平 6.6 个百分点（见图 1–2）。2008 年以来，受到全球金融危机的影响，我国经济增长速度有所放缓，

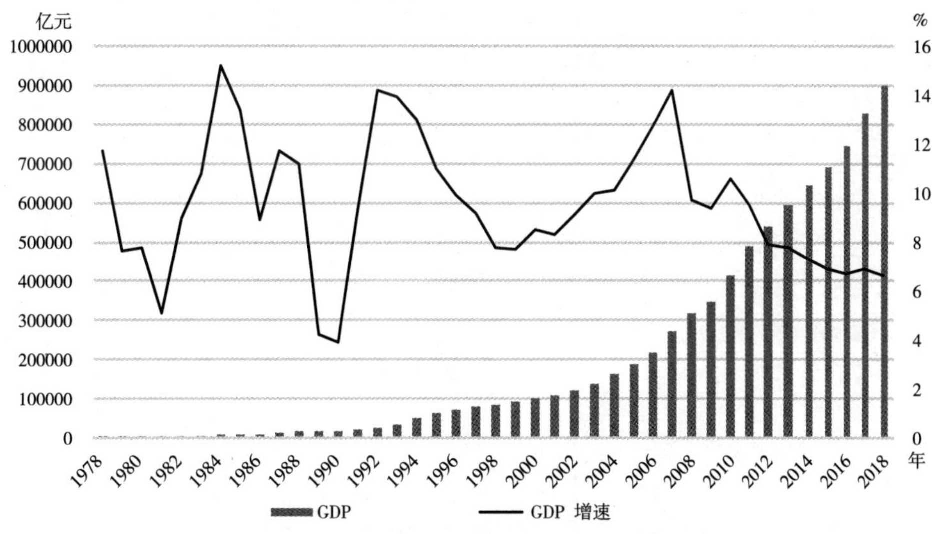

图 1–1 改革开放以来我国 GDP 及 GDP 增速

（资料来源：国家统计局公布的《中国统计年鉴 2018》及 2018 年统计公报）

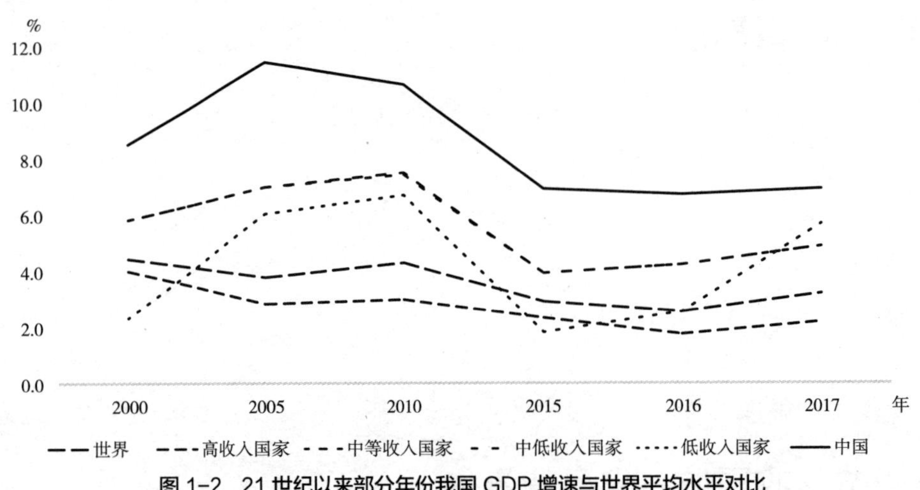

图 1-2　21 世纪以来部分年份我国 GDP 增速与世界平均水平对比

（资料来源：世界银行 WDI 数据库）

但仍在世界主要国家中位居前列。如 2010 年，我国国内生产总值增长率为 10.6%，在世界各个国家中位列第十，与排名第九的约旦河西岸和加沙仅相差 0.2 个百分点（见表 1-1）；2017 年，我国国内生产总值增长率为 6.9%，在世界各个国家中位列第十五，与前一名坦桑尼亚仅相差 0.1 个百分点（见表 1-2）。此外，改革开放以来，我国经济增长一直较为稳定，特别是金融危机以来，尽管我国经济增长速度有所放缓，但并没有出现大规模的经济波动。

2010年世界各个国家（地区）GDP增速前20名　　表1-1

国家或地区	GDP增速（%）	排名
东帝汶	35.9	1
中国澳门	25.3	2
卡塔尔	19.6	3
乍得	13.6	4
巴拉圭	13.1	5
土库曼斯坦	13.0	6
埃塞俄比亚	12.6	7
不丹	11.7	8
约旦河西岸和加沙	10.8	9
中国	10.6	10
印度	10.3	11
委内瑞拉	10.3	12
阿根廷	10.1	13
巴布亚新几内亚	10.1	14
缅甸	9.6	15

续表

国家或地区	GDP增速（%）	排名
马恩岛	9.4	16
塞舌尔	9.0	17
土耳其	9.0	18
刚果（布）	8.8	19
博茨瓦纳	8.6	20

（资料来源：世界银行 WDI 数据库）

2017年世界各个国家（地区）GDP增速前20名　　表1-2

国家或地区	GDP增速（%）	排名
利比亚	26.7	1
几内亚	12.7	2
埃塞俄比亚	10.2	3
中国澳门	9.1	4
马尔代夫	8.8	5
加纳	8.5	6
科特迪瓦	7.8	7
爱尔兰	7.8	8
乌兹别克斯坦	7.8	9
亚美尼亚	7.5	10
尼泊尔	7.5	11
孟加拉国	7.3	12
萨摩亚	7.1	13
坦桑尼亚	7.0	14
中国	6.9	15
老挝	6.9	16
罗马尼亚	6.9	17
塔吉克斯坦	6.9	18
不丹	6.8	19
柬埔寨	6.8	20

（资料来源：世界银行 WDI 数据库）

在经济保持持续快速增长的同时，我国经济总量得到了显著扩大。1978 年，我国 GDP 总量仅为 3678.7 亿美元，在世界整体经济总量中的比重不足 2%（1.8%），位列世界各国经济规模的第十一位，与发达国家相比仍有较大的差距。随着以经济建设为中心的各项改革开放措施落到实处，我国经济发展取得明显成效。1986 年我国 GDP 首次迈过了 1 万亿美元的大关，达到了 10376.2 亿美元；1991 年我国 GDP 则顺利超过 2 万亿美元，达到了 22005.6 亿美元。进入 21 世纪以来，我国经济总量进一步实现跨越式增长。2000 年我国 GDP 突破 10 万亿美元，达到 100280.1 亿美元，占世界经济总量的比重达到了 3.6%，并超过意大利，位居世界第六位；2006 年，我国 GDP 则突破了 20 万亿美元，并于 2007 年成功超过德国，成为世界第三经济体；2010 年，我国 GDP 达 413030.3 亿美元，超过日本。自此，我国经济总量一直位居世界第二，仅次于美国。我国 GDP 总量在世界经济中的份额也超过 10%，2017 年，我国 GDP 占世界经济总量的比重达到了 15.2%（见图 1–3、表 1–3）。

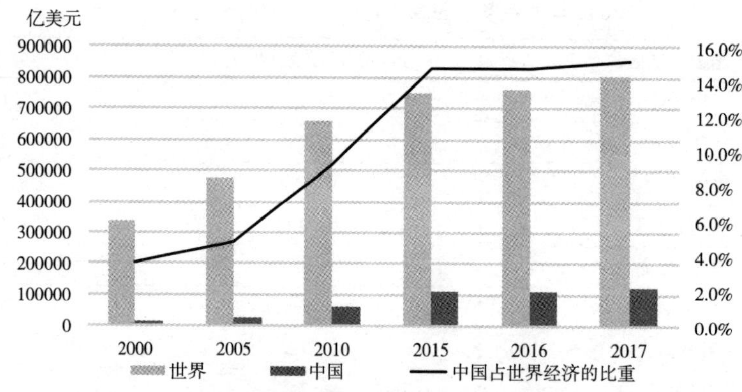

图 1–3　21 世纪以来部分年份我国生产总值占世界经济的比重

（资料来源：世界银行 WDI 数据库）

部分年份我国国内生产总值居世界的位次　　表1–3

年份	1978	1980	1990	2000	2010	2016	2017
国内生产总值排名	11	12	11	6	2	2	2

与此同时，我国人均 GDP 也不断提高，截至 20 世纪 80 年代末，我国人均 GDP 仍不足 2000 元人民币。但随着市场经济体制改革不断推进，自 1990 年起，在经济总量迅速扩张的同时，我国人均 GDP 水平也得到了显著改善。1992 年达到了 2000 元以上，1993 年进一步突破了 3000 元，1994 年超过 4000 元，1995 年达到了 5000 元以上。到 2003 年，我国人均 GDP 水平突破了万元大关，并分别于 2007 年、2010 年、2012 年、2015 年突破 2 万元、3 万元、4 万元、5 万元人民币。到目前，我国人均 GDP 水平已经达到了 6 万元人民币以上（2018 年人均 GDP 为 64644 元）（见图 1–4）。

（二）产业结构深刻变化，经济发展向服务经济转型

在经济快速发展、规模持续攀升的同时，我国经济的产业构成也发生了显著变化。改革开放初期，我国农业基础薄弱，工业结构失衡，服务业发展滞后。1978~1984 年，

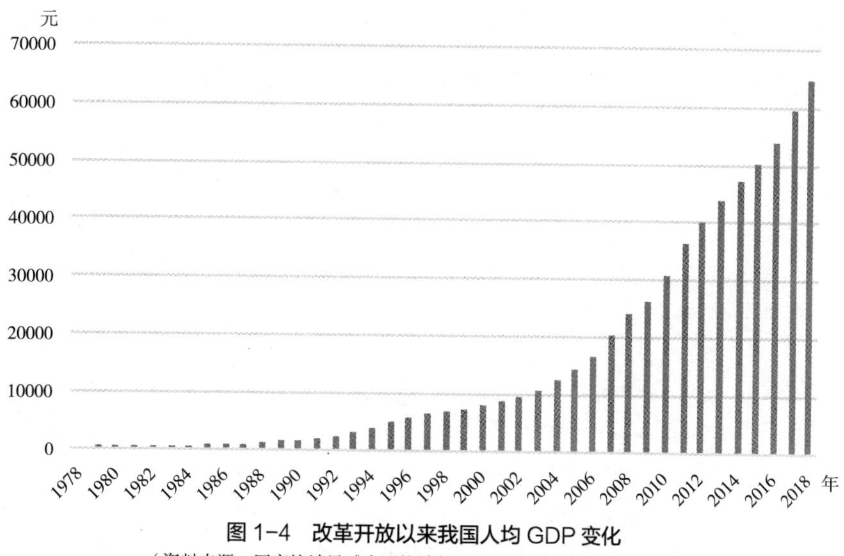

图 1-4 改革开放以来我国人均 GDP 变化

（资料来源：国家统计局《中国统计年鉴 2018》及 2018 年统计公报）

我国第一产业增加值占 GDP 的比重约为三分之一左右，且第一产业在经济发展中的地位明显高于第三产业。自 1985 年起，第一产业的占比才开始呈现出下降的趋势，截至 2018 年，第一产业增加值占 GDP 的比重降至 7.2%。

与此同时，我国的工业化进程也在加速推进，工业结构不断调整和优化，逐步由以劳动密集型的一般加工制造为主向劳动资本技术密集型工业共同发展转变。改革开放初期，我国工业发展以初级加工为主。经过 40 多年的发展，一方面，钢铁、有色金属、电力、化工、机械、建材、轻纺、食品等传统工业行业不断转型升级，另一方面，我国大力培育航空航天、汽车、电子通信、医药制造等新兴工业，并积极推动其发展壮大。截至目前，我国已拥有 41 个工业大类、207 个中类、666 个小类，已经成长为世界第一工业制造大国，主要工业产品产量居世界前列。2018 年，我国手机、计算机和彩电等产品产量分别达 18 亿部、3.1 亿台、1.9 亿台，占全球总产量的比重为 70%~90%。此外，据中国轻工业联合会资料显示，目前我国钟表、自行车、缝纫机、电池、啤酒、家具、塑料加工机械等 100 多种轻工产品的产量居世界第一。近年来，在供给侧结构性改革和“中国制造 2025”等国家重大战略措施推动下，我国加大了工业领域的技术创新与科技研发力度，着力推动工业发展质量提升。当前，我国高技术制造业、先进制造业得到了迅猛发展，工业领域的自主创新能力显著增强。高技术制造业企业数量由 2000 年不足 1 万家（9758 家）增加到 2017 年的 3 万多家（32027 家），高技术制造业中的 R&D 机构数由 2000 年的 1379 个增加到 2017 年的 7018 个。同时，规模以上工业企业持续开展科技创新与研发活动，有 R&D 活动的企业数由 2004 年的 17075 个，增加到 2017 年的 102218 个，规模以上工业研发投入强度则由 2004 年的 0.56%

提升至 2017 年的 1.06%，提高了 0.5 个百分点（见图 1–5）。据联合国工业发展组织工业竞争力指数最新结果，我国已经成为全球最具工业竞争力的五个国家之一[1]。

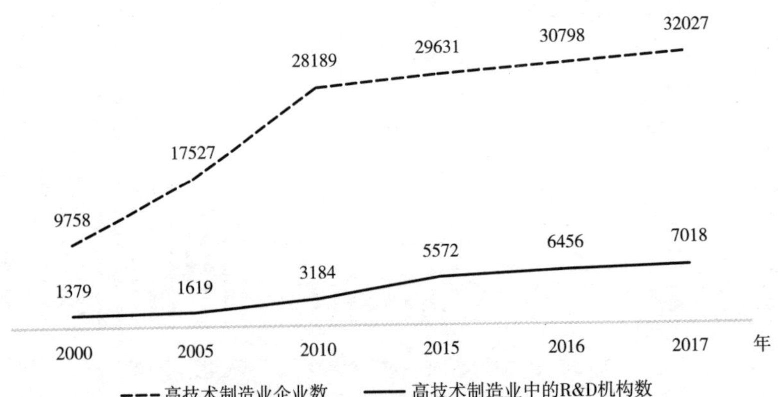

图 1–5　2000 年以来主要年份我国高技术制造业企业数与 R&D 机构数（单位：个）

（资料来源：国家统计局《中国统计年鉴 2018》）

党的十八大以来，国家高度重视服务业的发展，推出了一系列改革举措来培育和发展服务业新经济、新动能。伴随着服务业的不断发展壮大，我国经济持续向服务经济转型发展。2013 年，第三产业增加值占 GDP 的比重达到了 46.7%，首次高于第二产业在 GDP 中的比重。2016 年，第三产业增加值占 GDP 的比重首次达到了 50% 以上。截至 2018 年底，第三产业增加值占 GDP 的比重已经达到了 52.2%。与此同时，服务业对经济增长的贡献率、服务业对经济增长的拉动率均持续上升。2017 年，第三产业对经济增长的贡献率为 58.8%，比 1978 年提高 30.4 个百分点；第三产业对经济增长的拉动率为 4.0%，比 1978 年提高了 0.7 个百分点。同时，服务业就业蓄水池功能日趋明显。2018 年底，服务业就业人员达到 35938 万人，比重达到 46.3%，1979~2018 年，服务业就业人员年均增速达 5.1%，高出第二产业 2.3 个百分点[2]（见图 1–6、图 1–7）。

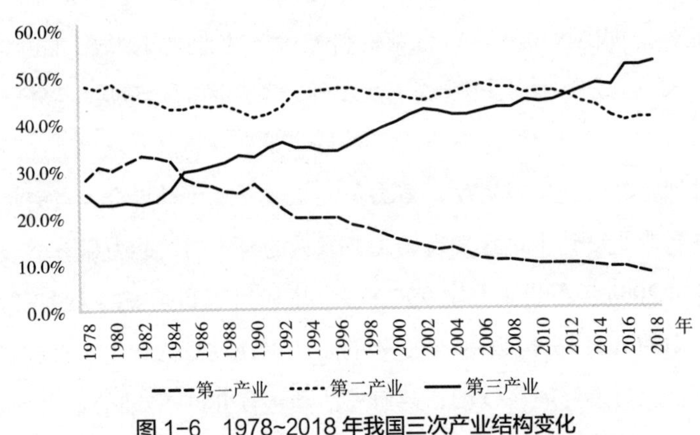

图 1–6　1978~2018 年我国三次产业结构变化

（资料来源：国家统计局《中国统计年鉴 2018》及 2018 年统计公报）

图 1-7　1978~2017 年三次产业对国内生产总值增长的拉动

（资料来源：国家统计局《中国统计年鉴 2018》）

二、城乡发展

（一）城镇化建设取得明显成效，城市规模和数量显著提升

改革开放以来，伴随着工业化进程地加快推进，经济社会全面发展，我国城镇化建设取得重大突破，人口不断由农村向城市迁移，城镇常住人口规模得到了迅速扩张。1978 年末，我国城镇常住人口仅有 1.7 亿人，而到 2018 年底，我国城镇常住人口达到 8.3 亿人，人口规模增长了 3.8 倍左右。与此同时，我国城镇化水平也加速提高。改革开放初期，我国城镇化进程基本处于停滞的状态，1983 年底，常住人口城镇化率仅为 20% 左右（21.6%），1978~1983 年的五年间，我国常住人口城镇化率仅提高了 3.7 个百分点。随后，随着党的十二届三中全会把改革重点转向城市，我国城镇化建设开始起步，在设立沿海开放城市、逐步松动严格的户籍管理制度、适时调整建市建镇标准等措施的带动下，我国城镇化水平稳步提升，1996 年常住人口城镇化率首次超过了 30%，城镇化建设开始迈入加速发展时期，城镇化率大幅提升。2011 年末，我国城镇人口规模首次高于农村人口，我国常住人口城镇化率达到 50% 以上（51.27%）（见图 1-8）。

随着我国城镇化率地快速提升，城镇化建设过程中的一系列问题也日益凸显，包括用地无序扩张，土地城镇化率高于人口城镇化率，城市中的农民工群体无法分享城镇化的医疗、教育等公共服务，大量农业转移人口难以融入城市社会等。自我国常住人口城镇化率超过 50% 以后，国家层面也对未来的城镇化发展战略进行了调整。党的十八大提出要走中国特色新型城镇化道路，2014 年国务院印发了《国家新型城镇化规划（2014—2020 年）》，提出了“三个一亿人”的发展目标。自此，我国城镇化建设开始向新型城镇化转型，进入坚持以人为本、注重质量提升的新阶段。2018 年，我国常

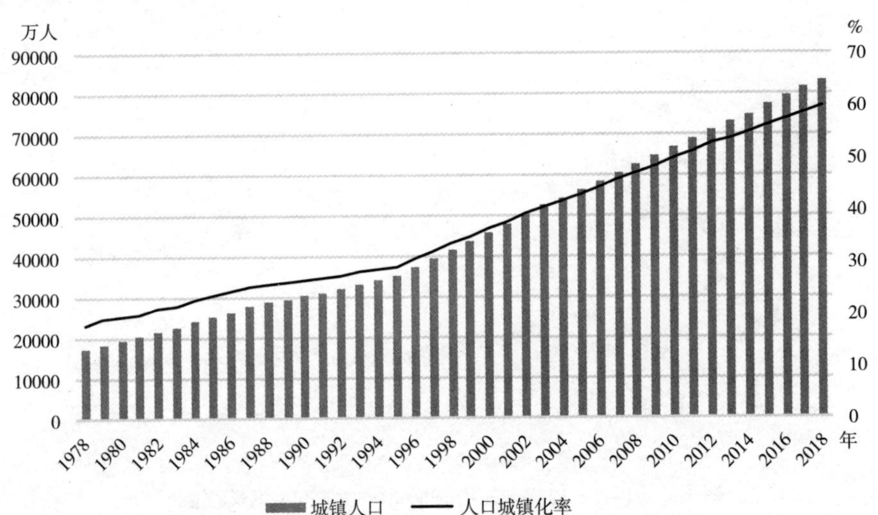

图 1-8 改革开放以来我国城镇人口规模与人口城镇化率

（资料来源：国家统计局《中国统计年鉴 2018》及 2018 年统计公报）

住人口城镇化率达到了 59.6%，较 2011 年提高了 8.3 个百分点。

在常住人口城镇化率显著提升的同时，我国城市数量不断增加，城市规模持续扩张。1978~2018 年的 40 年间，全国城市数量由 193 个增加到 672 个。其中，地级以上城市由 101 个增加到 297 个，县级市由 92 个增加到 375 个，建制镇由 2176 个增加到 21297 个。改革开放以来，我国城市规模也显著扩大，从户籍人口上来看，1978 年末我国仅有上海市一个 500 万以上人口的城市，到 2017 年户籍人口数量达 500 万人以上的城市达到了 16 个，其中北京、上海两个城市的人口规模均达到了 2000 万人以上，广州、深圳的人口规模则超过了 1000 万人，其他规模的城市数量均有显著上涨。按户籍人口来算，300 万 ~500 万人的城市数量由 1978 年的 3 个增加到 25 个，50 万 ~300 万人的城市数量由 1978 年的 60 个增加到 271 个，50 万人以下的城市数量由 1978 年的 129 个增加到 349 个。与此同时，我国城市建设用地规模显著扩张，城市建成区也不断向农村地区推进和蔓延。2017 年，我国城市建设用地面积达 5.5 万平方公里，城市建成区面积达 5.6 万平方公里，而 1981 年时我国城市建成区的面积仅有 7438 平方公里，三十多年间，我国城市建成区的面积增长了 6.6 倍[3]（见表 1-4）。

1978年和2017年不同规模城市数量的对比（单位：个） **表1-4**

	500万人以上	300万~500万人	50万~300万人	50万人以下
1978 年	1	3	60	129
2017 年	16	25	271	349

（资料来源：国家统计局《城镇化水平显著提高 城市面貌焕然一新——改革开放 40 年经济社会发展成就系列报告之十一》）

（二）城乡关系发生重大转变，城乡融合成为新时期我国城乡发展的关键

改革开放以来，尽管我国经济社会发展与城镇化建设取得了重大的进步，然而，由于长期以来，我国城镇化建设遵循的是以城市为核心的发展导向，致使城乡发展不平衡，城乡差距严重，城乡二元结构明显[4]。主要表现之一是城乡居民收入差距大，1978~2018年，我国城乡收入比均保持在2以上（仅1985年除外）。随着城镇化进程的快速推进，我国城乡居民收入差距持续扩大，到2002年，城乡收入比达到了3以上，并一直保持到2009年。随后，尽管城乡收入比有所下降，但2018年仍达到了2.69。二是城乡基础设施和公共服务不均等。在基础设施方面，根据第三次全国农业普查结果，2016年末，我国91.3%的乡镇集中或部分集中供水，而我国城市用水普及率达到了98.4%；农村地区仅11.9%的村落开通了燃气，远远落后于城市地区95.8%的燃气普及率；农村地区互联网宽带接入用户约为城市地区的1/3。在农村医疗方面，2010年以来，城市每千人拥有卫生技术人员数是农村的2.5倍以上，其中城市每千人拥有注册护士数量是农村的3倍以上；城市每千人医疗卫生机构床位数为农村的2倍以上（见表1–5）。

2010年以来我国城乡医疗水平对比　　表1–5

年份	每千人卫生技术人员数（人）		每千人执业（助理）医师数（人）		每千人注册护士数（人）		每千人医疗卫生机构床位数（张）	
	城市	农村	城市	农村	城市	农村	城市	农村
2010	7.62	3.04	2.97	1.32	3.09	0.89	5.94	2.6
2011	7.9	3.19	3	1.33	3.29	0.98	6.24	2.8
2012	8.54	3.41	3.19	1.4	3.65	1.09	6.88	3.11
2013	9.18	3.64	3.39	1.48	4	1.22	7.36	3.35
2014	9.7	3.77	3.54	1.51	4.3	1.31	7.84	3.54
2015	10.21	3.9	3.72	1.55	4.58	1.39	8.27	3.71
2016	10.79	4.04	3.92	1.59	4.91	1.49	8.41	3.91
2017	10.87	4.28	3.97	1.68	5.01	1.62	8.75	4.19

（资料来源：国家统计局《中国统计年鉴2018》）

21世纪以来，党中央、国务院认识到城乡差距的严重性，开始逐步调整发展战略与举措，我国城乡关系逐步由城乡分割转向城乡一体、城乡统筹。2002年12月，中共十六大报告首次明确承认“城乡二元经济结构还没有改变”，针对城乡二元结构提出了统筹城乡、协调发展的方针，开启了破除城乡二元体制的历史进程。2003年

10月，党的十六届三中全会通过了《中共中央关于完善社会主义市场经济体制若干问题的决定》，该决定将“统筹城乡发展”作为“五个统筹”之首，明确要求“建立有利于逐步改变城乡二元经济结构的体制，”“国家新增教育、卫生、文化等公共事业支出主要用于农村”。党的十六届五中全会通过的《中共中央关于制定国民经济和社会发展第十一个五年规划的建议》要求，“加大各级政府对农业和农村增加投入的力度，扩大公共财政覆盖农村的范围”，并强调要“建立以工促农、以城带乡的长效机制”。2007年6月，国家发展改革委员会批准重庆市和成都市设立全国统筹城乡综合配套改革试验区。2007年10月，中共十七大提出“建立以工促农、以城带乡长效机制，形成城乡经济社会发展一体化新格局”。2008年1月1日，《中华人民共和国城乡规划法》正式实施，推动了我国城乡二元法律体系向城乡统筹的法律体系转变，改变了城乡分别适用各自编制程序和规划体系的传统，将二者纳入了同一个法定规划编制体系中。2008年10月，党的十七届三中全会通过的《中共中央关于推进农村改革发展若干重大问题的决定》提出要“尽快在城乡规划、产业布局、基础设施建设、公共服务一体化等方面取得突破”。党的十七届五中全会通过的《中共中央关于制定国民经济和社会发展第十二个五年规划的建议》提出，“按照推进城乡经济社会发展一体化的要求，搞好社会主义新农村建设规划，加快改善农村生产生活条件，”“完善城乡平等的要素交换关系，促进土地增值收益和农村存款主要用于农业农村”。党的十八大报告强调，“城乡发展一体化是解决‘三农’问题的根本途径”，“加快完善城乡发展一体化体制机制，着力在城乡规划、基础设施、公共服务等方面推进一体化”。党的十八届三中全会通过的《中共中央关于全面深化改革若干重大问题的决定》指出，“城乡二元结构是制约城乡发展一体化的主要障碍”，“必须健全体制机制，形成以工促农、以城带乡、工农互惠、城乡一体的新型工农城乡关系”[5]。2014年3月12日，国务院印发了《国家新型城镇化规划（2014—2020年）》。随后，在《国家新型城镇化规划（2014—2020年）》的指导下，我国积极在户籍管理、土地管理、社会保障、财税金融等领域开展改革创新，发布了一系列政策文件，着力破除阻碍城乡统筹发展的体制机制障碍。这一系列文件包括《国务院关于进一步推进户籍制度改革的意见》《国务院关于整合城乡居民基本医疗保险制度的意见》《国务院关于统筹推进县域内城乡义务教育一体化改革发展的若干意见》《关于加强和完善城乡社区治理的意见》等。

近年来，尽管城乡一体、城乡统筹发展取得了一定的成效，城乡差距也在逐渐缩小，但城乡发展不平衡不协调的现象仍较为显著。在此背景下，我国也逐步认识到推动城乡统筹不能仅仅依靠城市带动农村，还要依靠农村自身的发展动力，必须推动城乡发展走向城乡融合。2019年5月6日，中共中央、国务院印发了《中共中央 国务院关于建立健全城乡融合发展体制机制和政策体系的意见》，提出要“以协调推进乡村振兴战略和新型城镇化战略为抓手”，着力构建工农互促、城乡互补、全面融合、共同繁荣的新型工农城乡关系。

第二节　研究设计

一、问题提出

党的十九大明确指出“我国经济已由高速增长阶段转向高质量发展阶段”，以供给侧结构性改革为主线，推动经济发展质量变革、效率变革、动力变革，加快构建现代化经济体系是我国未来一段时间的发展重点。在经济发展向高质量迈进、城乡发展向城乡融合转变的背景下，我国城镇和乡村发展均步入了新的历史阶段。

从城镇发展来看，我国新型城镇化建设步入高质量发展时代。一方面，国家层面不断推动城市发展方式转型，加快探索国土开发利用方式转变，着力转变城市发展方式。2016 年国务院出台了《中共中央 国务院关于进一步加强城市规划建设管理工作的若干意见》，明确提出要有序实施城市修补和有机更新，并制定和实施生态修复工作方案。随后，住房和城乡建设部将“城市双修”作为治理城市病、转变城市发展方式的重要抓手，大力开展了“城市双修”试点工作，分三批共公布了 58 个“城市双修”试点城市。与此同时，我国着力推动国土空间集聚开发。2017 年 1 月，国务院印发了《全国国土规划纲要（2016—2030 年）》，明确提出要建设国土开发集聚区，其中将京津冀、长江三角洲、珠江三角洲等地区纳入优化开发区域，提出优化开发区域要严格控制新增建设用地，以盘活存量用地为主。国家发改委在《2019 年新型城镇化建设重点任务》中进一步指出要“全面推进城市国土空间规划编制，强化‘三区三线’管控，推进‘多规合一’，促进城市精明增长”。2019 年 5 月，国务院发布了《中共中央 国务院关于建立国土空间规划体系并监督实施的若干意见》（中发 [2019]18 号），要编制国家、省、市县等不同级别国土空间总体规划，并提出健全用途管制制度，“在城镇开发边界内的建设，实行‘详细规划 + 规划许可’的管制方式；在城镇开发边界外的建设，按照主导用途分区，实行‘详细规划 + 规划许可’和‘约束指标 + 分区准入’的管制方式”。与此同时，北京、上海、深圳、广州等大城市纷纷树立底线管控的发展理念，着力推动以存量挖潜为核心的城镇建设用地再开发。如北京市在《北京城市总体规划（2016—2035年）》中提出，实现城乡建设用地规模减量，“到2020年城乡建设用地规模由现状2921平方公里减到2860平方公里左右，到2035年减到2760平方公里左右”。上海市在《上海市城市总体规划（2017—2035年）》中明确了到2035年，规划建设用地总规模控制在3200平方公里以内的发展目标，并提出“以存量用地的更新利用来满足城市未来发展的空间需求”。受到以人为本、可持续发展、精明增长等理念的影响，各大城市在推动城镇建设用地再开发的同时，由以往“大拆大建”、推倒重建式的城市改造和更新方式，转向了小规模、渐进式的内涵挖潜，如北京市提出“老城复兴”，上海市提出“有机更新”，广州市提出“微改造”。

从乡村发展来看，我国将大力实施乡村振兴战略。乡村振兴战略是2017年10月在党的十九大中首次提出的，随后召开的中央农村工作会议则进一步明确了乡村振兴战略的实施时间表与路线图。2018年1月，国务院发布了《中共中央 国务院关于实施乡村振兴战略的意见》提出，实施乡村振兴战略是新时代我国“三农”工作的总抓手。在该意见的指导下，2018年9月，中共中央、国务院印发了《乡村振兴战略规划（2018—2022年）》，全面系统地明确了2018~2022年我国实施乡村振兴战略的总体目标、重大任务以及相关政策措施。2019年中央1号文件进一步明确了农业农村发展的优先地位。自国家全面实施乡村振兴战略以来，我国各地均从自身实际出发，出台了实施乡村振兴战略的政策意见、战略规划等文件，明确了各自的乡村振兴发展目标、重点任务、实施路径与具体政策措施。

由此可见，推动新型城镇化高质量发展，全面实施乡村振兴战略是我国未来一段时间内的重点工作。在这一形势之下，我们该如何界定城市微更新的概念与内涵？城市微更新的主要模式有哪些？基于城市微更新的理念，我国国家层面推动了哪些方面的政策转型？我国各地的城市微更新政策体系又是如何构建的呢？我国乡村振兴战略的政策体系是如何架构的？不同地区又是如何结合自身实际构建乡村振兴战略的政策体系？在实施乡村振兴战略过程中，不同地区采取了哪些具体手段？如何推动新型城镇化与乡村振兴战略“二位一体”以保障我国城乡融合发展格局顺利实现？这一系列问题仍需要进一步深入研究。

二、思路与内容

（一）研究思路

本书立足于城市微更新和乡村振兴两个视角，分别展开研究。一是历史回顾与理论研究，通过对城市更新与乡村发展的历史梳理，在借鉴相关理论的基础上，深入解读城市微更新与乡村振兴的内涵；二是政策与实践研究，全面梳理城市微更新与乡村振兴的政策文件，涵盖国家和地方两个层面；三是典型案例研究，选取有代表性的城市作为案例，深入解读其城市更新与乡村振兴方面的政策文件，进而明确城市微更新与乡村振兴战略“二位一体”下的城乡融合发展路径。

（二）主要内容

本书的核心研究内容主要为以下三个方面：

第一，城市微更新的政策与实践研究。通过对国内外城市更新实践历程的回顾，在借鉴相关理论的基础上，深入揭示城市微更新的概念与内涵。在此基础上，通过对国内外典型城市微更新实践的梳理，总结出城市微更新的主要模式。同时，全面梳理改革开放以来我国国家层面与主要城市在城市更新方面出台的相关政策文件，总结我国国家层面的城市更新政策转型特征，并明确北京、上海、广州、深圳等主要城市的城市微更新政策与实践特点。

第二，乡村振兴战略的政策与实践研究。首先是梳理总结我国乡村政策的发展演变历程，在借鉴相关理论研究的基础上，明确新时代背景下，我国乡村振兴战略的内涵。在此基础上，全面梳理自乡村振兴战略提出以来，我国国家层面和典型地区在乡村振兴方面所出台的政策文件，明晰我国国家层面以及典型地区的乡村振兴战略的政策重点与创新措施。

第三，典型案例研究。本书将选取东莞市作为典型案例进行研究。东莞市实行特殊的“市直管镇”行政管理体制模式，其城镇化建设以农村城镇化为特色，村镇经济发达。独特的行政体制与城镇发展模式使得东莞市的城市微更新与乡村振兴战略从一开始就有机结合了起来，城市微更新是乡村振兴战略的重要手段，乡村振兴战略为城市微更新提供了制度保障。为此，本书将对东莞市的城市微更新政策与乡村振兴战略政策进行深入解读，以期为我国其他地区推进城乡融合发展提供借鉴。

第一篇

城市微更新：
城市转型的价值导向

第二章　由城市更新迈向城市微更新

第一节　西方国家城市更新的转变

城市是一个复杂的动态系统，其内部蕴含多种功能组成，包括居住、交通、娱乐等。随着时间的流逝，城市功能也在不断调整与转变。一方面，随着经济扩张、产业转型、社会发展，城市会产生一些新的功能，如随着金融、商务等服务业规模的扩张，对办公空间产生了强劲的需求，城市的商务办公功能出现并日益重要。另一方面，随着城市的发展，每一种城市功能的重要性也会有所变化。这种转变不仅仅表现在物理形态上，更反映了社会、环境和经济等方面的发展与转变过程，而城市本身也是导致这些变化的主要原因。同时，城市的调整与转变也将会对城市现有土地、空间、基础设施、公共服务等提出挑战。为适应和满足城市发展需求，对现有设施进行改造、整治、修复等城市更新活动可以说是城市发展的一项自我调节机制，它始终贯穿于城市发展的进程中。然而，在工业革命之前，城市更新活动仅仅是城市发展过程的一种自发行为，真正意义上的有组织的城市更新运动主要起源于第二次世界大战以后，西方国家大规模推倒重建式的清理贫民窟运动开启了现代意义的城市更新进程。

一、以清除贫民窟为代表的物质更新

18 世纪 60 年代中期，第一次工业革命在英国爆发，开启了工业化发展的进程。在第一次工业革命的带动下，英国城市形态开始发生转变。城市从政治管理中心和军事防卫堡垒，转向以工厂生产和贸易交换为主体形态的经济中心，英国也成为世界第一个工业国家。在工业革命的带动下，英国率先进入成熟的城市化阶段，早在 1851 年英国的城市化水平就超过了 50%。19 世纪 40 年代 ~20 世纪 50 年代，第二次产业革命

在美、德、法等主要资本主义国家兴起，使得重化工业取代纺织等轻工业而成为主导产业。在这一时期，西方国家的城市化进程明显加速，发达国家的城市化水平从1850年的11.4%上升到1950年的52.1%[6]。伴随城市化率逐步提高和城市规模不断扩大，人口密集、交通拥堵、环境恶化、社会问题突出、生活品质下降等“城市病”逐步显现。刘易斯·芒福德在《城市发展史：起源、演变和前景》一书中就指出“工业主义，19世纪的主要创造力，产生了迄今从未有过的极端恶化的城市环境；因为，即使是统治阶级的聚居区也被污染，而且也非常拥挤”。其中，大量环境恶劣的贫民窟成为各大城市中最为凸显的问题。作为最早开展工业革命的国家，为了改善日渐破败的城市物质环境，英国于1848年出台了《公共卫生法》，随后又于1875年和1890年颁布了《住宅改善法》，其中首次提出了清除贫民窟。1930年，英国出台了《格林伍德住宅法》，首次提出对清理贫民窟进行财政补贴，其主要措施是将贫民窟推倒，并将其居民转移走，然后以能够提供高税收的项目取而代之。

随后，经历了20世纪30年代经济大萧条的打击和两次世界大战的战争破坏，西方国家（主要是欧洲国家）在战后普遍着手拟订实施雄心勃勃的城市重建计划，其中，城市中心区改造与贫民窟清理成为西方各国城市重建计划的主要内容。尽管如此，不同国家的战后重建重点有所不同。例如，英国战后重建重点关注大面积被战争破坏的土地和城区内不能再利用的土地；法国主要关注于生产性经济实体——市政基础设施、道路、交通通信设施和住宅区重建；德国的重建工作则主要集中于市中心和已有城市街区，应对住房短缺的大规模住宅建设和城市基础设施如交通、供水、学校、医院的恢复在一定程度上扭转了城市的衰退；而意大利在城市重建的同时，更为强调对历史建筑的恢复和对历史保留下来的城市形制的恢复[7]。美国于1937年出台了《住宅法》，在联邦政府统一指导下开展了全国范围的大规模城市更新改造运动，城市更新运动初期的主要内容也是清理贫民窟，即简单推倒贫民窟，代之以政府提供补助的公房[8]。

推土机式推倒重建是这一阶段城市更新的最大特点。这一阶段城市更新的主要内容在于解决贫民窟问题和改善城市物质环境，当时采用的是所谓“消灭贫民窟”的办法，即将贫民窟全部推倒，将居民迁走，由国家与地方政府、私人开发承包商共同参与，公共部门和私人联合投资，在贫民窟原址上新建购物中心、高档宾馆和办公室等建筑，以达到改善住房和生活条件的目的。这种做法在美国的纽约、芝加哥和英国的曼彻斯特等贫民窟较多的城市均较为普遍。有数据显示，仅20世纪30年代英国就有大约25万住房单元被拆除，有超过125万的居民迁居[9]。与此同时，这一阶段的城市更新活动还伴随着大规模的郊区化和新城建设。以英国为例，1946年《新城法》

颁布，希望借助郊区新城的开发建设来缓解城市中心区的拥挤。然而，推倒重建式的城市更新活动，造成了城市面貌雷同化现象突出，城市特色缺乏，而且还带来了大量的社会问题，如雅各布斯认为这种推倒重建式的城市建设破坏了已有的邻里关系，并致使城市多样性退化。另外，尽管各个城市都在大规模清理市中心贫民窟，但针对这些贫民窟居住者的迁居住房安置计划进程缓慢，其生活反而变得更糟。这种现象的产生，一方面是由于更新改造计划多发生在城市中心区中楼宇老化、设施缺乏并居住大量低收入阶层的地区，他们中的很多人无法支付改造后高档住宅的租金，因此被迫外迁。另一方面是由于城市更新改造具有一定的开发周期，其间的住房紧缺状况无法得到有效解决[10]。

二、更加关注社会公平的城市更新

20世纪60年代，西方国家的经济社会发展逐渐复苏，并进入了经济快速增长时期。随着经济长期繁荣发展，西方国家也开始对前一阶段的清除贫民窟行动进行反思，他们认识到城市问题的复杂性，单纯地铲除城市中心的贫民窟并同时向郊区扩散人口已不能解决城市发展所面临的交通拥堵、人口膨胀、空间品质下降、地价控制等实质性问题，同时，也认识到城市衰退不仅源自经济、社会和政治关系中的结构性原因，也源于区域、国家乃至国际经济格局的变化。为解决内城衰退、贫困、就业等问题，西方国家的城市开发策略发生重大调整，城市更新运动的重点也随之变化。这一时期的城市更新更加强调保留城市结构、更新邻里社区、改善整体居住环境、恢复城市中心活力、强调社会发展和公众参与。具体来看，一是更加强调对综合性规划的通盘考虑，如在城市更新政策的实施中，不再单纯考虑物质因素和经济因素，而是综合考虑就业、教育、社会公平等多种因素。二是更加注重对弱势群体的关注，受到凯恩斯主义—新政城市的影响，这一时期，人们普遍认为政府有能力也有责任为居民提供更好的公共服务，社会公平和福利受到广泛关注，城市更新活动也更加强调通过改造活动来提升被改造社区的社会福利和公共服务水平[11]。三是对更新改造地区，从推倒性拆除重建逐步转向注重对现存建筑质量与环境质量的保护、改善与提升，更加关注更新过程中的环境保护、文化继承，以及保留历史悠久的街区和社会生活特色等问题。不同国家的城市更新政策、重点等也有所差异。

这一时期，英国的城市更新活动以内城复兴、社会福利改善及物质环境更新为目标，更新的具体方式包括住宅整修、改善和中心商贸区的复兴。在英国，1967年Plowden委员会经过三年的调查研究，提交了Plowden报告。报告中提倡“积极差别待遇”的理念，并借鉴美国和欧洲其他国家的经验提出了教育优先区方案。随后“积极差别待遇”理念很快渗透到社区发展区、社会优先区及城市优先区等。针对内城日渐衰败的现象，英国内政部于1968年选择了24个地方政府部门责其调查所在地区的内城问题，并有针对性地开展了“城市计划”，1969年“城市计划”延伸至社区层面。1977年，在经过十多年的以试验性城市政策治理城市问题的实践之后，特别是1972年以后通过“综合社区计划”对兰贝斯、利物浦和伯明翰三个城市内城的调查研究，英国颁布了《内城政策》，明确表示其目标是增强内城的经济实力、改善内城物质结构、提高环境吸引力、缓和社会矛盾、保持内城和其他地区的人口和就业结构平衡，并提出在内城区域一些严重萧条的工业或商业区域建立产业改善区，以优惠政策吸引投资、活跃经济、增加就业机会。同时，各地方当局亦开始编制非正式的内城更新规划，以此作为控制内城开发的依据；而中央政府也在经济资助上给予内城更新以额外的资助优惠和免除部分税收的优惠。1978年，英国政府正式颁布《内城法案》，确立将其城市发展计划从支持新城开发转向内城振兴[12]。在住房改善方面，英国政府采取了多种形式：1964年的《住宅法》提出设定“改善地区”，集中对非标准住宅进行改造；1969年的《住宅法》又进一步扩大范围，提出了“一般改善地区”的概念；同时规划决策的权力由中央政府下放到地方政府，强调规划的民主性，要求公众参与。1974年的《住宅法》则标志着英国城市更新政策的重点从城市物质形态的改善转移到对社会问题的关注上。

为实现区域经济协调发展，法国政府先后确定了西部、西南部、中央高原和东北老工业区等经济发展比较落后的区域为优先整治地区，并先后制定了布列塔尼亚公路网建设规划、中央高原开发计划、南方滨海地区旅游开发和生态保护计划、科西嘉地区整治与开发计划、东北部诺尔—加莱和洛林老工业区结构改革计划等区域经济发展远景规划。法国政府更注重城市管理和城市发展的关系，其城市更新的重点在于优化城市设施、控制道路用地、旧区改建、住宅更新、保护自然环境、限制独立式小住宅蔓延。1972年的《行政区改革法》、1975年的《土地改革法》、1976年的《自然保护法》都分别提出了环境质量评价的概念，要求全国各种形态的规划增加关于环境保护的内容。1977年，法国设立了城市规划基金，专用于传统街区和城市中心改造。

在20世纪60年代，德国政府城市建设政策的重点在于住宅工业化、继续大规模建造新住宅，在提高城市中心开发密度的同时，积极在大城市边缘地带兴建大型的城郊住宅区。1967年前，德国城市更新侧重于集中修复现有的传统式住宅，1967年后则开始制定修复和翻新大片住宅，包括整个街坊和街道的全面改建。随后，德国提出了“保留周边、推倒内部”的旧城改造主题，分别于1971年出台了《城市更新和开发法》《城市建设促进法》，于 1977 年出台了《住宅改善法》，针对住宅和旧城改造等相关问题提出了相应的更新政策与措施。此时，德国城市更新的关注点侧重于由住宅、邻里环境及居民之间社会联系共同组成的社区单元，住宅恢复和住宅内部现代化运动成为其城市更新的目标和任务 [7]。

20 世纪 60 年代中期，美国实行了现代城市计划，在大城市几个特定地区制定了一套综合方案以解决贫穷问题。该计划资金由联邦政府补贴 80%，地方政府补贴 20%，项目实施共经历 7 年的时间，其中绝大部分政府补贴被用于改善城市更新区低收入社区的教育、医疗、就业和公共安全问题，其余部分补贴用于改善基础设施和居住条件。1966 年，美国出台了《模范城市与都市发展法案》。该法案严格限定了联邦和地方政府资助模范城市计划资金的使用范围，并通过各种附加条件强调中低收入者的公众参与，同时还提出了对城市肌理的保护和改善。1974 年，美国开展了富有人文色彩的住宅与社区开发计划。社区开发计划注重两大内容，一是多目标性，二是公众参与。多目标性就是提供社区开发的固定津贴，使地方政府开展广泛的活动，不仅限于以往城市更新的内容，固定津贴资金还可以用于房地产征收、公共设施建设及改善、公园及嬉戏场地、残疾人中心、邻里设施、街道美化、公共服务、过渡安置与各种经济发展的目标上 [8]。与此同时，为保障社区开发计划的实施，美国出台了《住宅和社区发展法》。该法案允许为污水处理、社区娱乐设施、住房等一系列项目提供基金，并要求在每个社区开发项目中至少应包含一个房屋援助计划。同时，该法案还对社区开发资金的分配提出了指导，提出社区开发资金要按照一个固定公式进行分配，其中大部分资金用于服务低收入人群和中等收入人群 [10]。

三、地产导向的城市再开发

从 20 世纪 70 年代开始，全球范围的经济下滑和全球化经济调整，对西方国家经济增长造成极大冲击，西方各国政府的工作重点随即转移到如何刺激地方经济增长上。在强调自由市场作用的新古典主义发展模式与自由市场政策体系的影响下，20 世纪 80 年代，西方国家的城市更新出现了明显的政策转向：一是从政府导向的福利主义社区重建，向以市场为导向、以房地产开发为主要形式的旧城再开发转变；二是空间开发集中在地方的重点项目上，大部分为置换开发项目，对环境问题的关注更加广泛，并逐渐从以往关注大规模的综合性更新改造转向较小规模的项目改造，社区内部自发产生、规模较小的“社区规划”成为当时城市更新的主要方式，其主要目标为改善环境、创造就业机会、促进邻里和睦；三是由政府主导转向公、私、社区三方伙伴关系为导向，这一时期，西方国家的城市更新强调私人部门和部分特殊部门的参与，培育合作伙伴，以私人投资为主，政府有选择地介入，公共参与的规划原则在此时已广泛地渗入城市更新中 [10]。这一时期的城市更新活动以英国为典型代表。

为了扭转长期以来经济“滞胀”的局面，英国摒弃了多年来奉行的凯恩斯主义，转向以货币主义和供应学派为指导的新经济政策。1979 年，英国政府采纳了 1977 年时由彼得·霍尔爵士提出的以“企业区”方式解决内城衰退问题的方案。随后,“企业区”政策很快成为城市再生重要的系列政策之一。1980 年，英国政府出台了《英国地方政府规划和土地法》。该法案允许设立城市开发区和企业区，并允许建立城市开发公司来负责城市开发区的工作，鼓励公私合作的股份制公司（如城市开发公司等）参与城市更新。城市开发公司的主要目标是振兴城市，使土地与建筑发挥使用效益，创造一个吸引人的环境，确保住宅及社会服务设施齐全，以吸引人们到该地区居住与工作。然而，企业区的发展却未达到预期的目标，为此，英国国家环境部 1987 年宣布不再进行企业区扩张。随后，1988 年 5 月英国政府发布了“城市行动”纲领，这一纲领是政府关于未来城市再生发展政策的战略思考。尽管城市中心仍在开发，但开发的内容、目标、方式已经开始发生变化，总体内容涉及就业、住房、社会与社区福利、健康、市政基础设施、交通、环境生态、警务治安等方面 [12]。可见，20 世纪 80 年代以来，英国城市更新以各种地产开发项目，特别是商业、办公及会展中心、贸易中心等旗舰项目为主要特色。公共部门的作用不断被淡化，其主要职责在于为私有部门的投资创造良好的宏观环境，而私有部门成为城市更新的主角和主要力量。

四、迈向以人为本和可持续发展的城市复兴

进入 20 世纪 90 年代，人本主义思想和可持续发展观念逐渐深入人心。在人本主义思想的影响下，面对经济结构调整造成的城市经济不景气、城市人口持续减少、社会问题不断增加的困境，城市再生理论逐渐形成。城市再生理论提出的目的是重振城市活力、恢复城市在国家或区域社会经济发展中的牵引作用。城市再生更为注重对现有城区的管理和规划，强调人居环境和社区可持续性，具体涉及已失去的经济活力地区的再生和振兴、恢复已部分失效的社会功能，处理未被关注的社会问题，以及恢复已失去的环境质量或改善生态平衡等。20 世纪 90 年代后期，西方国家的城市更新运动又和国际范围内广泛兴起的可持续发展思潮相融合。1996 年 6 月，联合国在伊斯坦布尔召开的“人居二”（HABITAT Ⅱ）会议确立的 21 世纪人类奋斗的两个主题——“人人有合适的住房”和“城市化世界中可持续的人类住区发展”——也明确指出了当前

城市更新政策的价值取向，更加注重人居环境、生态环境和社区可持续性发展等，城市再生政策也逐步向城市复兴转变。

1990年以来，英国的城市发展开始转向再生或振兴城市已失去的经济活力、恢复已经部分失效的社会功能、恢复已经失去的环境质量等方面。1991年英国政府开始启动城市竞标政策。城市竞标政策仍强调地产开发，但地产开发已开始与地方社区合作及与为弱势群体提供就业紧密联系起来。在整个竞标过程中，地方政府在政策制定方面扮演重要角色，也尝试将社区居民意见纳入行动方案，竞标鼓励所有利益部门建立合作伙伴关系。同时，城市竞标强调计划的整体性，包含经济发展、住房、教育培训、环境改善、社会犯罪、平等机会等方面。1993年，英国国家环境部提出专项再生预算政策，希望能够跨越传统部门界限，充分协调、有效聚拢各方预算。

1997年，以布莱尔为首的新工党竞选获胜之后，布莱尔工党政府的执政理论是“第三条道路”：在经济政策上执行介于货币主义和凯恩斯主义之间的路线；在社会政策方面则进行资本主义改良式的社会变革和政策调整。其要义有四个方面：一是建立合作包容的新社会关系，二是确立团结各种政治力量的新政治中心，三是由政府管理型向治理型转变，四是改革福利制度。在此背景下，1999年，英国城市工作小组发表了一份题为《迈向城市的文艺复兴》的文件，第一次提出了“城市复兴”的概念。与城市再生政策相比较，城市复兴是致力于经济、社会和环境综合社会问题的长期思考，关注焦点在社区层面，鼓励社区与邻里、地方、区域乃至国家各个层面共同行动探索社区未来的发展之路。2001年，英国政府正式出台了《社区新政计划》，提出在未来十年（至2010年）将向全国39个相对衰落的社区投资20亿英镑用于社区的更新发展，其目的在于提高就业水平、提高教育水平、减少犯罪率和犯罪恐惧、提高健康水平。与此同时，英国城市复兴还积极推动构建宽泛的、多层次的地方战略伙伴。1997年新工党上台后便针对面向“社区发展”，反对“社会排斥”的社会发展目标，积极主张“多层面合作伙伴关系”。2001年，英国政府提出全国“地方战略伙伴”计划，并将其作为一项国家政策。2004年，工党又提出“携手共建”政策，旨在使公共部门能更良好地磨合，与公民一同携手建设[12]。

法国于1991年通过了《城市发展方针法》，主要关注居民的生活质量、服务水平、公民参与城市管理等；1993年发起了“城市规划行动”，以恢复12个最困难街区的活力为目的；1995年的《国家领土发展规划法》强化了“城市计划”行动，设置了“城市重新恢复活动区”；2000年颁布了《社会团结与城市更新法》，以更加开阔的视野看待土地开发与城市发展问题，将城市更新定位为以推广节约利用空间和能源、复兴衰败城市地域、提高社会混合特性为特点的新型城市发展模式[7]。

五、小结

从西方国家的城市更新实践来看，伴随着全球化和地方化的不断深化，以及城市经济社会问题的转变，城市更新活动的具体内容、政策措施与手段均发生了重大转变。从西方国家的城市更新历程来看，城市更新活动的转变主要体现出以下几个特点：

一是城市更新方式逐渐由拆除重建到综合改造，再到小规模、分阶段的循序渐进式更新转变。第二次世界大战后的20世纪40~50年代，城市更新的形式主要是大规模推倒式的拆除重建。为了改变城市形象，西方各国展开了大规模城市更新运动。更新政策着重于物质环境的更新，主要表现为清理贫民窟行动。通过新建购物中心、高档宾馆及办公楼来取代过去的贫民窟，以全面提高城市的物质形象，更新重点在于物质环境改善。进入20世纪60~70年代，通过对前一阶段清除贫民窟行动的反思，西方国家的城市更新政策不再单纯考虑物质因素和经济因素，而是综合考虑就业、教育、社会公平和福利等多种因素，特别是更加关注社会公平和福利，城市更新由单纯的物质更新逐步转向关注社会公平和社会福利的综合改造，这一时期的城市更新关注点也从单纯的物质更新发展到基于经济、社会、文化等多元层面的整体更新。进入20世纪80年代，西方城市更新政策更加强调自由市场作用，由政府导向的带有福利色彩的综合改造逐渐转向地产导向的城市再开发。进入20世纪90年代，受到人本主义思想和可持续发展理念的影响，西方国家的城市更新转向了以小规模、分阶段的循序渐进式的更新为主，更加强调社区层面的综合发展。城市更新日益关注城市功能多样性、历史文脉保护、社区氛围营造，强调对居住环境、历史文脉、文化氛围等多方面的更新和塑造，城市更新内容逐渐过渡到以保护、传承、提升为主。

二是更新主体由政府主导向公私合作的多方参与转变。在实施主体方面，西方国家经历了从中央、地方政府为主，到政府与私人投资者合作，再到政府、私人部门和社区等地方团体三方共同进行和控制城市更新开发的过程。二战后，无论是拆除重建、清除贫民窟行动，还是带有福利主义色彩的综合改造，城市更新活动均是政府主导，其主要方式是政府成立对城市更新授权、执行政府财政措施的组织，对授权区的土地、基础设施进行经营开发，从而推动城市更新与改造。随后，伴随着城市更新活动逐渐转向以市场为导向的房地产开发，私有部门成为城市更新的主要力量。同时，为确保城市更新进程，西方国家提供财政补贴（如英国的城市发展基金、美国的开发活动津贴等），鼓励公私合作，利用资金的杠杆效应力图以较少的公共资金带动私人资金投入到城市更新中。随着城市更新向以人为本和可持续发展的城市复兴转变，城市更新更加强调社区参与，鼓励社区居民对规划提出修改意见，甚至参与社区规划的全部过程。通过社区规划，社区居民也参与到城市更新活动之中，城市更新主体逐步转变为以政府、私人部门和社区等地方团体多方参与为主[10]。

第二节　国内城市更新的转变

一、以局部危房改造、基础设施建设为主的小规模形体更新

1949年至20世纪70年代，为摆脱贫穷落后的状况，我国在“变消费城市为生产城市”“城市建设为生产服务，为劳动人民服务”等方针指导下，一直以生产性建设为主，社会经济发展重点在于发展工业生产，城市建设项目便集中于城市新区。由于连年战争等影响，我国城市发展面临诸多问题，而且能力有限，旧城的发展政策只能是“充分利用，逐步改造”。这一阶段的城市更新主要着眼于旧城改造，即改造棚户和危房简屋，同时增建一些最基本的市政设施，以解决居民的卫生、安全、合理分居等最基本的生活问题，而并未进行实质性的更新改造[13]。随后，进入“大跃进”和“文革”时期，城市建筑和旧区改造长期无人管理，造成城市布局混乱、环境质量恶劣等严重问题。20世纪70年代后期，随着工业化进程加快，工业建设刺激下我国城市规模逐渐扩大，旧城改造的重点逐步转向还清30年来生活设施的“欠账”，解决城市职工住房成为突出的问题，并开始重视对住宅的修建[14]。在需要更新的老城区，由于社会、经济条件的限制，当时采取从老城边缘向中心的“填空补实”的方式，进行了一系列标准偏低、配套不全、侵占绿地、破坏历史文化环境的城市建设[15]。

总体而言，1949年后的三十年里，我国城市更新动因主要以阻止城市物质性老化，如清除危旧房、改善居住生活环境条件等为目的，更新改造对象主要为旧城居住区和环境恶劣地区。旧城改造工作的特点是依靠国家投资，资金匮乏，改造速度缓慢，标准较低，且管理条块分割，设施配套不全。同时，由于填空补实、见缝插针，我国还出现了市内兴办街道工厂、旧城建设量不断增加的现象[13]。

二、大规模推倒式的快速更新

改革开放以来，受到西方城市更新理念的影响，我国的城市更新理念也逐步发生一系列的变化。同时，伴随我国社会经济所发生的急剧而持续变化，城市更新日益成

为我国城市建设的关键问题和人们关注的热点。从我国城市更新实践上来看，大体可以分为两个时期。

第一个时期是改革开放至 20 世纪 90 年代初期。市场经济体制发育、社会经济环境的改善为城市发展创造了良好的条件，我国城市建设“重生产、轻生活”的思路有所改变，非生产性建设的投资比例逐年上升转变为采用“拆一建多”的开发方式，在老城区和新区分别建设了一批多层盒型布局的“兵营状”住宅区。陈占祥先生也在此期间提出了“城市更新”的概念，强调城市更新是城市“新陈代谢”的过程，突出了经济发展在城市更新中的作用。而更新的方法既包括对简陋地区的“推倒重建”，也包括对历史街区的保护和历史旧建筑的维护修复。

然而，这一时期，计划经济发展思想仍然贯穿城市发展建设的基本过程，“拆一建多”的方式无意间破坏了城市的肌理，使城市失去特色，加上改革开放以前不当的城市建设，使得城市更新推进的障碍较大。在城市发展进程中，内部组织系统的变化远不能适配发展变化，城市特别是老城出现空间功能结构衰退、进一步物质性老化等严重问题。这一时期的城市更新思想可以概括为：在单一化城市功能发展环境中，政府“全面”干预下的“狭隘”“朴素”形体主义和功能主义。

第二个时期是 20 世纪 90 年代至今，我国城市更新活动快速推进。20 世纪 90 年代以来，随着社会主义市场经济体制逐渐完善和确立，我国整个社会政治经济环境处于转型期。社会环境逐渐宽松、地方政府利益主体的逐渐确立、国民经济水平的提高、城市居民对生存环境要求的提高、大规模的新区建设等为城市更新提供了较大的社会支持、承受空间和城市物质承接空间。在“两个根本转变”思想的指导下，城市更新成为城市顺应世界经济发展趋势、进行产业结构调整的有效手段。同时，改革开放以来，伴随着我国城市化进程加快，以及土地规模的急剧扩张，城市更新也成为我国各地解决用地紧张、提升土地集约节约利用水平的必然选择。在城市更新实践上，我国各地逐渐开展了大规模、快速化城市更新，特别是对一直缺乏更新的城市中心区，更新的规模和力度更大。这一时期我国城市更新与受形体主义影响的西方二战前以卫生设施和城市美化为主要内容的城市更新，及二战后前期大规模推倒重建的城市更新有许多相似之处。虽然城市空间职能结构、环境等问题得到一些改善，但也产生了大量负面影响，如城市中心开发过度，缺乏活力；社区失去多样性，城市空间出现社会等级分化；各类保护建筑遭到破坏，城市的文脉被切断，城市特色正在消失，走向雷同等[15]。

三、多目标、综合式、可持续的城市更新

进入21世纪,越来越多的学者给予城市更新以新的理解与诠释,例如张平宇的“城市再生”、吴晨的“城市复兴”、于今的“城市更新”等。这些理念使城市更新不再局限于物质环境，而是包括了经济、社会、文化、生态等物质与非物质环境的综合整体考虑[16]。我国各地也逐步在城市更新中展开了众多实践，如广东省在全省范围内展开了“三旧”改造工作；深圳市于2009年就出台了《深圳市城市更新办法》，并于2012年补充颁布了《深圳市城市更新办法实施细则》；2015年，广州市正式挂牌成立了我国首家城市更新局；上海市也于2015年5月颁布了共20条的《上海市城市更新实施办法》。

由于我国各地所处的城市发展阶段和区域背景差异，我国的城市更新活动呈现出与当地发展背景和地方区域特色紧密联系的多种类型与路径。如在资源型城市中，以工业遗产保护与改造为主；在中小型城市中，侧重于旧城改造与升级；在历史名城中，城市更新更加关注有机更新。现阶段，我国城市更新的对象主要包括旧城、旧村、旧工业区和棚户区改造等。城市更新的内容主要包括两方面：一是对客观存在实体（建筑物等物质环境）的改造;二是对其他各种环境（如生态、空间、文化、视觉和游憩等）的改造与延续，包括邻里的社会网络结构、心理定势和情感依恋等软环境的延续与更新。城市更新手段则主要有重建或再开发、综合整治和功能改变三种方式。

四、小结

综上所述，1949年以来，我国城市更新的目标发生了重大转变，开始从注重还清历史欠账和物质环境开发建设的旧城改造，转向注重社会、经济、生态、文化的综合发展，以及人民生活质量的提高、城市整体机能和活力的提升。在更新方式、更新内容方面，由于我国各地的发展阶段不同，呈现出多元化特点。大体可以分为宏观、中观、微观三个尺度：宏观尺度，关注人居环境改善、城市结构调整和城市产业升级；中观尺度，关注城市中心地区空间优化、产业园区转型、城中村改造和轨道交通基础设施改造等功能区级存量更新；微观尺度，关注社区这一城市最基本单元和细胞，强调与群众日常生活息息相关的注重社区营造和街道环境提升等方面的城市修补和微更新。

第三章　城市微更新的理论基础

第一节　城市微更新的内涵界定

一、城市微更新的概念与内涵

从城市更新发展的历程来看，城市更新概念的发展是一个动态的过程，每一种概念都包含丰富的内涵和时代特征，并具有连续性。不同时期城市更新的概念与内涵都是在吸收以往成功经验的基础上，进一步丰富与完善的。发展至今，城市更新的内涵已经不再局限于对某一具体的街区或建筑物的拆除重建这一单一活动，而是包括了整治、改善、修补、修复、保存、保护、复苏、再开发、再生等活动的多层次内容。

城市微更新是在人本主义、可持续发展、精明增长等思想与理念的影响下产生的，代表的是城市更新的一种理念与实践的转变。城市微更新是一种小规模、渐进式的更新方式，强调尊重城市原有历史文脉、社会生态网络和自然生态格局，通过局部小地块改造、公共空间修补、对历史建筑的整治维护等方式开展城市更新活动，塑造具有地域特色、文化特色的空间场所，从而恢复旧城或衰退地区的发展活力，实现可持续发展。此外，城市微更新还强调自下而上的居民参与，注重更新地区的认同感与归属感营造[17]。具体来看，城市微更新主要有以下几个特点：

①以社区为基础，更加关注空间重构与社区激活，致力于推动社区成为一个功能完备的“小城市”。

②强调以人为本，更加关注公共利益，致力于增强公共空间的品质和人性化的场所体验。

③适应创意经济需求，更加关注功能复合与空间活力，致力于打造功能复合的创

新空间，激发城市发展活力。

④突出城市特色，更加关注历史传承与魅力塑造，致力于营造出兼具历史底蕴和现代气质的城市文化禀性。

⑤强调发挥市民的主体作用，更加关注公众参与和社会治理，致力于构建和谐有序、共建、共治、共享的社会关系[18]。

综上所述，城市微更新旨在通过对存量空间各构成要素实施开发、改造、织补和延续等措施，解决城市发展社会、经济、生态等问题，推动城市健康、有序和可持续发展。城市微更新的主要包括三大内容：

一是激发旧城发展活力。当前，我国老旧城区中普遍存在产业衰退、业态功能单一、年轻人口持续向外转移、老龄化现象相对突出等问题。为此，城市微更新要通过推动业态升级、公共空间织补、创新创意文化氛围培育等措施，培育适宜街区自身资源禀赋条件的街区产业，创造适合年轻人群生活与就业的空间。

二是营造舒适宜人的人居环境。在我国长期快速城镇化发展的过程中，大部分城市往往过于注重经济发展，而忽视从整体层面上对城市空间布局的统筹考虑，在中心城区建筑密度不断提高的同时，建设用地也在持续向郊区低效无序蔓延，从而造成公园绿地等开放空间被挤压、生态环境被破坏等问题。因此，城市微更新要通过对建筑和环境进行生态化改造、补充城市公园绿地、织补破碎的生态空间等措施，推动生态环境系统修复，提升城市人居环境空间品质。

三是构建高效便捷的公共服务。受到以经济建设为中心的发展理念的影响，我国城市在以往的长期发展中，普遍忽视了公共服务设施的建设与补充，造成公共服务发展难以满足人民需求。如在老旧小区中，人口老龄化问题日益突出，满足老年人需求的养老服务、休闲健身等设施不足，同时还存在部分购物、休闲娱乐等公共服务设施日渐老化；在产业园区建设中，普遍忽视购物、休闲、娱乐、教育、医疗等公共服务设施，造成功能单一、公共服务滞后等现象。因此，建构舒适便捷的社区服务体系、提升城市公共服务设施支撑力水平也是城市微更新的重要内容。

二、城市微更新的主要模式

根据前文所述，城市微更新主要指的是一种渐进式、小规模、多方参与的城市更新方式，可以应用于各个空间尺度。同时，不同于以往大拆大建的城市更新活动，城市微更新除了关注历史地段、产业功能区、老旧社区等地区的更新改造与功能提升外，还重视对公园广场、城市街道等开放空间，以及城市未得到充分利用或废弃的“失落空间”的改造提升与再开发利用。为此，我们将城市微更新划分为旧城复兴、开放空间更新两种模式。

（一）旧城复兴

城市旧城区是在城市长期历史发展过程中逐步形成的，是城市各个历史时期的发展缩影。城市旧城区大体可以分为两种类型；一类是城市传统中心区，集中了城市建设较早的居住区和商业中心，如部分城市历史悠久，其旧城区通常历史文化遗存比较丰富，历史格局和传统风貌保存比较完整，传统中心区也往往成为历史街区；另一类是老旧工业区（基地），在工业化进程中，部分城市进行了工业区（基地）的建设，但随着城市发展，这些城市的工业企业逐步向外围地区迁移或不再适应城市功能需求，亟需转型升级。因此，城市旧城复兴主要包括历史街区更新、产业功能区更新和社区更新三个模式。

1. 历史街区更新

历史街区更新的重点在于突出历史文脉的传承、历史风貌的延续，要妥善处理好保护与更新之间的关系。具体来看：一是应加大对历史建筑、传统城市肌理、历史文化元素等的保护；二是针对历史街区中存在的设施老化、建筑质量退化、开放空间不足、公共服务落后等问题，开展小规模的改造、织补、修缮等工作；三是为历史街区的发展注入新的活力，一方面可以向历史街区引入一些新的功能，促进功能重组或功能多样化，另一方面也可以对现有功能进行调整优化。

2. 产业功能区更新

根据产业类型的不同，产业功能区更新又可以细分为商业街区更新和老旧工业区更新两种类型。商业街区的微更新重点在于产业功能升级与新兴产业培育，基于商业街区资源禀赋条件，对部分存量商业设施适当改造，使之成为吸引新功能、新业态入驻的载体或孵化器，满足多元人群需求。老旧工业区的微更新重点在于保护和利用工业遗产，实现功能提升，通过对工业遗产的适当改造、修缮，使其满足新功能的发展需求。同时老旧工业区的微更新还要注重绿地空间、公共服务设施的补充，以及对被污染地块的修复。

3. 社区微更新

社区微更新重点在于预防社区衰败，通过对社区存量空间（包括社区室内、室外、地上、地下等未充分利用的公共产权空间）的更新再利用，改善社区的物质、人文、社区空间品质，提高社区资源利用效率，修复社区人文生态。与以物质空间美化为主的环境综合整治有所不同，社区微更新的主要特点有：

第一，社区微更新没有一个固定的模式和手段，强调基于地方特色的更新。

第二，社区微更新是一个持续的过程，强调以长期的渐进式局部环境改造代替短期的大规模开发。

第三，社区微更新更加注重社区内部的参与、协商机制的构建，重视居民尤其是原住居民的意愿表达，旨在培养和提升社区意识、社区认同、社区精神[19]。

案例一：巴塞罗那波布雷诺地区

波布雷诺一直是巴塞罗那制造业中心，主要集中了纺织、食品/酒类、建筑产品及金属结构产品等行业的诸多大型企业。随着经济的调整与转型，该地区制造业中心的地位开始衰落，大量企业破产或迁出。2000年，巴塞罗那启动了波布雷诺工业区改造计划，提出要通过大力吸引与信息技术、设计、出版、多媒体等相关知识技术密集型企业进驻，重塑波布雷诺地区的经济发展活力，并积极打造一个包括生产中心、社会居住、公共设施和开发空间等功能的多元化空间，提升生活和工作的质量。在明确的总体规划指导下，波布雷诺工业区改造计划根据每个子区域自身特点制定弹性的渐进式更新规划，最大限度地实现多元化、模块化及复合化，并尽可能平衡城市建设发展与区域历史文化特色保护之间的平衡。具体措施包括：

第一，打造“复合街区”。波布雷诺工业区改造计划着力推进生产和居住功能混合利用。一方面，对现有的住房进行有效改造，提升利用功能和外观品质；另一方面，加强社区一级的中小学校、社区中心、养老院、文化设施、博物馆等建设。

第二，优化公共空间。波布雷诺工业区改造计划将约10%的工业用地改造为绿地空间，同时建设了符合最高质量标准的街道和公共空间。其现今的绿地结构是通过很多措施修建而成，包括城市尺度的空间——滨海公园、荣耀广场、中央公园等都慢慢变成小的广场和居住街道，被看作城市活动的延伸，使这些公共空间真正成为区域活动者交流的空间。

第三，完善基础设施。波布雷诺工业区制订了一个新的基础设施规划，改造更新37公里长的街道，并且为它们提供领先水平的服务和设施，为地区提供现代化的电力设施、中央空调控制系统和气动重复收集系统。新的电力系统网络的设计将重点放在能源效率和自然资源有效管理上，以更好地为城市系统和设施服务[20]。

案例二：日本谷中地区

谷中地区位于东京都台东区的西北部，是上野公园附近的一片文化底蕴浓厚的历史地段。20世纪80年代开始，谷中地区在保护地域特色的宗旨下，开始了以居民为主体的内生型社区更新活动。从其发展至今的轨迹来看，谷中地区建立了符合自身特色的多主体协作的社区更新体制（见案例图1），大体可以分为四个阶段。

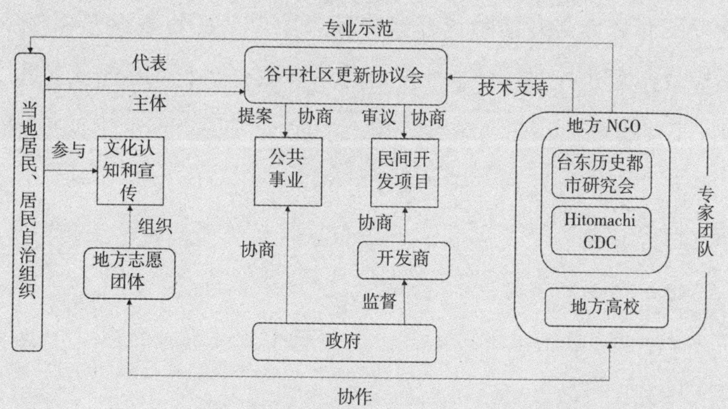

案例图1　谷中地区社区更新体制

（资料来源：高沂琛、李王鸣《日本内生型社区更新体制及其形成机理——以东京谷中地区社区更新过程为例》）

第一阶段，居民自发的文化认知和宣传阶段。20世纪70年代，活用地域特色的社区更新活动在日本各地展开。在这个潮流的影响下，当时的台东区区长意识到谷中地区的历史文化价值，在他的号召下，于1981年成立了“江户以来的町会”，组织学习会对谷中的历史文化。许多地方志愿团体在此之后成立，从各个视角对谷中及其周边地区展开观察、记录和宣传。同时，位于谷中附近的东京艺术大学的师生也参与到这些活动中，并于1986年协同地方志愿团体和个人，进行了一次为期3年的环境调查。通过这些活动，当地居民对社区的文化共识逐步建立。在当时，居民自治组织虽有参与和帮助这些志愿团体的活动，组织间联系也在加强，但还没有形成组织之间的协作关系。

第二阶段，社区更新支援组织初建阶段。1989年，谷中地区成立了社区更新团体“谷中学校”，并将学校研究室开放，作为谷中学校的事务所。谷中学校兼具社区更新组织和社区更新支援组织的双重功能，主要活动包括：通过组织工艺展、乡土史研究、建筑调查等活动对地方资源进行再挖掘；通过开展座谈会、学习会等展开文化共识培育活动；作为居民方的技术顾问，为基于地域特色的社区空间环境营造提供技术支持，并协助居民与政府进行协商。

第三阶段，社区更新组织成熟阶段。谷中地区于2000年制定了《谷中·上野樱木地区社区更新宪章》《沿街建筑协定》等相关地方性规章制度。同年，以町会、佛教协会和社区委员会为中心，成立了谷中地区社区更新协议会，下设“防灾部会”“环境部会”和“交通部会”，从不同的侧重点对地区问题进行探讨。社区更新协议会的设立为谷中地区向政府提出意见和建议搭建了平台。同时在谷中学校、地方高校等专家团队的技术支持下，居民代表向政府提出有关谷中地区防灾、环境营造、道路规划等公共事业的建议，并参与协商，与政府共同推进这些事业的落实。

第四阶段，社区更新支援组织升级阶段。谷中学校作为拥有专业知识的团队，在地方居民参与社区更新中起到了很大的作用，但它只是一个志愿团体，作为当地社区更新的专业支援组织缺乏持续性。因此，2003 年，由谷中学校出身的两位专家牵头，分别成立了台东历史都市研究会和 Hitomachi 社区发展协会两个 NPO 组织。台东历史都市研究会致力于谷中地区历史资源和生活文化的再生和活用，先后对 4 栋历史住宅进行了改造和实验性的再利用，试图给当地居民示范不同类型老房子的改造和使用方式。Hitomachi 社区发展协会则将重点放在地方居民社区更新活动的技术支援和地域共生型的土地利用 [19]。

（二）开放空间更新

开放空间主要指的是城市广场、公园绿地、河流水体等空间。随着我国城市经济社会的发展，城市广场衰败、生态空间污染等问题日益严峻。因此，推动城市公共广场改造、开展生态空间修复也成为城市微更新的重要内容。

1. 生态空间微修复

不同于大规模的生态廊道及斑块建设，生态空间微修复是基于存量空间生态化改造可行性分析，针对不同类型的存量空间采取的“通”“改”“补”“修”“优”等多元措施，渐进式地修复城市中的生态环境，逐步形成网络化、系统化的生态空间体系，具体包括河流水体恢复、污染地块的治理以及公园绿地空间补充等。

2. 公共空间复兴

城市公共空间包括露天广场、城市街道、交通站点等类型，是城市形象对外展示的重要窗口。随着时间的推进以及城市发展战略空间的转变，我国部分城市公共空间逐渐衰败或被废弃，具体表现为无人问津的下沉式广场，闲置的河岸，废弃的火车站、铁道、铁路调度场，弃置的军事基地等。由于城市公共空间质量的高低直接影响着人居环境的品质，为此，公共空间复兴的首要任务是提升硬质空间的品质，加快对老化物质空间的整治、及时更新服务设施、增强视觉景观规划设计秩序、实施治污和添绿工程等成为关键环节。此外，公共空间复兴还要注重活力再生，在空间改造的过程中注重原有历史遗迹、文化价值和集体记忆的保留与恢复，并植入新的功能，强化参与性活动策划、标识性系统构建和安全性环境营造，提升公共空间的可进入性[21]。

从传统上来看，公共空间复兴主要集中在城市公共广场、重要交通站点或枢纽改造等。近年来，随着以可持续性街区和多功能街道为基本特征的新街道设计范式推进，街道改造逐渐成为城市公共空间的重点内容，众多城市开展了共享街道、街道瘦身、交通稳静化等更新改造实践。与此同时，"生态街道设计""绿色街道设计"等追求可持续发展的街道改造更新理论也在不断完善。另外，高架桥下、废弃隧道及建筑间不规则空间等城市"剩余空间"，特别是高架桥下空间的利用也成为公共空间复兴的重要发展转向。当前，高架桥下空间正成为一种新型城市空间而受到广泛关注。高架桥下空间依附于高架路桥而出现，并随着高架路桥的不断兴建而在城市中大量出现。众多城市将高架桥下空间作为公共服务及公共开放空间展开了综合、复合化利用的实践，以达到补充完善城市功能、提高用地效率、美化城市空间以及创造多元的桥下文化、提高城市活力和形象等目的。

案例一：韩国首尔清溪川

2003年，在提升首尔作为国际大都会的品位和吸引力的目标引导下，首尔市政府开始实施清溪川内河的生态恢复以及周边环境的改造工程。整个清溪川复兴改造工程历时两年多的时间，拆除了5.8公里的清溪川路和覆盖在上面已经年久失修的高架桥，修建了滨水生态景观及休闲游憩空间。具体措施包括：

第一，大力推动交通疏导。清溪川工程的实施首先要解决的一个重要难题就是交通疏导问题，建于20世纪70年代的高架桥是双向汽车专用道，承载着大量东西方向的城市交通。政府在经过认真细致的交通调查、市民调查以及对项目有可能对交通产生的影响进行评估的基础上，采取了相应的交通疏导以及限制措施，同时增加穿过城市中心的公共交通，为市民提供便利的出行条件。

第二，水体复原。在拆除了覆盖在清溪川水体上的路面结构以及路上的高架桥后，面临的主要问题是水体复原的。由于清溪川被覆盖在地下以后承载着排污的功能，因此为了保证水质的清洁，防止复原的水体重新被污染，建设了新的独立的污水系统，对原来流入清溪川的生活污水进行隔离处理。此外，为了保证清溪川水流的连续性，最终采用三种方式向清溪川河道提供水源：第一种方式是抽取经处理的汉江水，这是清溪川水源来源的主要方式；第二种方式是取地下水和雨水，由专门设立的水处理厂提供；第三种方式是中水利用，但只作为应急条件下的供水方式。

第三，河道整治。整体河道整治分为三段。西部上游河段河道两岸采用花岗石石板铺砌成亲水平台，河段断面较窄，一般不超过 25 米，坡度略陡。中部河段为过渡段，河道南岸以块石和植草的护坡为主，北岸修建连续的亲水平台，设有喷泉。相对于西部和中部河道设计的人工化，东部河段设计上以体现自然生态的特点为主，河道以自然河道为主，河道宽度为 40 米左右，坡度较缓，设有亲水平台和过河石级，两岸多采用自然化的生态植被，选择本地植物物种。此外，河道整治注重营造生物栖息空间，大力开展湿地、生态岸丘建设，确保鱼类、两栖类、鸟类的栖息空间，增加生物的多样性。

第四，景观设计。清溪川项目充分考虑河流区位的特点，在自然与实用原则相结合的基础上，不同的河段采取了不同的设计理念。西部上游河段位于韩国的政治和金融中心，周边地区包括总统府、市政厅、新闻中心、银行等，景观设计上处处体现现代化的特点。中部河段穿过东大门地区，景观设计上强调滨水空间的休闲特性，注重为小商业者、购物者和旅游者提供休闲空间。东部河段周边地区历史上是小市民和贫苦市民居住的地方，景观设计强调自然和生态的特点，使市民和游客们可以找到大自然的感觉[22]。

案例二：纽约弗莱士河公园

弗莱士河垃圾填埋场位于纽约斯塔滕岛，占地面积超过 2200 英亩（约 8.9 平方公里），于 1948 年投入运营，2001 年停止接收垃圾。这里曾经是世界上最大的垃圾填埋场，也是 20 世纪 90 年代纽约市唯一仍在使用的填埋场。随着 1999 年弗莱士河更新计划的启动，原有填埋场区陆续关闭并封场。弗莱士河填埋场共有四个垃圾填埋区，但垃圾填埋区只占基地总面积的 45%，其余区域空间为湿地、溪流、滩涂、草地和林地等。

弗莱士河公园的设计理念是“生命景观——纽约城市的新公共用地”，设计团队对“生命景观”的定义为“生命景观 = 活动项目 + 栖息地 + 循环”。这表示项目将在场地上重塑一种有生命力的景观，又意蕴计划在实施中持续的动态过程。弗莱士河公园规划明确了六大基本设计原则：

第一，利用公园优越的都市区位、广阔的空间以及独特的生态资源，将弗莱士河打造成世界一流的大型城市公园。

第二，重建基地范围内的生态系统，运用先进的恢复技术重塑多样、可持续的生态景观，并推行一系列可替代能源计划及生态性示范项目。

第三，结合休闲游憩、教育、文化等功能，拓展公园的生态价值，为城市公共生活及各类活动提供特色的背景场所。

第四，建立特定的废墟填埋地点，并予以清晰的标识，以纪念“9·11”事件。

第五，在生态敏感度允许条件下优化交通网络，提升公园在纽约市域及区域范围内的可达性。

第六，分阶段进行公园建设，公众参与最大化；同时，建立完善的监管维护机制，保证垃圾填埋区在后续关闭过程中的安全性。

公园方案提倡多样化的土地利用，但公园的绝大部分土地仍保留为自然区域（1740英亩，约7平方公里），包括开敞水面、盐碱滩、淡水湿地、草场和林地，并计划修建超过40英里（约64公里）的自行车道和步道。水域不仅作为动植物的栖息地，还将提供水上交通及垂钓功能，湿地将成为野生动植物保护区。公园共指定330英亩（约1.34平方公里）的土地用进行一系列项目开发，以满足运动休闲设施、教育活动、餐饮、市场、滨水活动等多样化的需求（见案例图2）[23]。

案例图2　弗莱士河公园规划平面图

（资料来源：清华同衡规划院《海外经验 | 从垃圾场到公园，看纽约弗莱士河的生态修复》）

案例三：纽约高线公园

高线是位于纽约曼哈顿西区的高架铁路，连接美国工业社会时期包括肉类加工街区、西切尔西街区和克林顿街区在内的纽约曼哈顿西区最具活力的工业区。

1999 年，由高线附近的两位当地居民发起的一个以社区为基础的非营利性组织——“高线之友”成立。“高线之友”积极参与推动高线的保护与建设，率先提出将高线建设成公园。在“高线之友”的大力倡导与推动下，2001 年 11 月，纽约市市长 Michael Bloomberg 认可了“高线之友”对于高线的发展建议与策略。2002 年，高线的再利用通过了经济上的可行性论证，市参议会和联邦地面交通部门分别通过了高线再利用的决议，从而促使高线的再利用成为纽约市的开发政策。随后，“高线之友”和纽约市政府于 2003 年 1~7 月联合发起了设计高线的国际竞赛，向全球征求高线设计的方案建议。高线的改造设计方案具有非常明晰的目标定位——向每一个公众敞开的公共活动空间，并且强调空间对“时间”的诠释，注重城市本身和生态进程的自然演替过程。为此，高线公园对原有的铁轨骨架和部分连接高线的老旧厂房进行了保留，以延续高线的历史文脉。一方面，设计师在设计中充分利用场地特征还原了铁轨的原真性，将铁路融入设计的各个环节，并作为主要的景观元素，贯穿始终以引导参观流线，强调高线的生长和蔓延。在基础上，通过保留路基、原生植物等元素来凸显高线的自然与野趣，创造出富有工业时代记忆的“高线之美”。另一方面，高线公园的设计团队对高线沿线的废弃厂房和仓库进行更新改造，置入公共艺术等多元功能，通过新旧建筑的融合以令公共艺术与公共空间相互促进。

高线公园的建设一共分为 3 段，分别于不同的时期开放。第一段主要包括了从甘斯佛街到 20 街的九个街区，于 2009 年 6 月 9 日向市民开放；第二段从 20 街到 30 街，于 2011 年建成开放；最后一段从第 10 大道的 30 街到哈德逊河及 34 街，与“哈德逊庭院”的河滨开放空间一起，共同形成全新的哈德逊滨河空间景观，并于 2014 年开放。在多方努力下，如今高线公园已经发展成为一个既充满生机活力又富有人文野趣的“空中步行乐园”，并作为一个媒介，促进了整个片区的社会经济发展[24]。

案例四：中目黑高架桥下

2016 年 11 月，东京“中目黑高架下”空间项目正式开业，这一项目成功利用长期闲置的东急东横线和日比谷线下全长约 700 米狭窄空地，以中目黑站为起点，往代官山站方向共新设 6 间商铺、往祐天寺站方面共新设 24 家商铺，涵盖书店、咖啡厅、餐厅、服饰等多元业态，成为东京最新时尚潮流的注目焦点，并获得 2017 日本设计界最高荣誉 GoodDesign 奖。

开发前的高架下空间是长期闲置的狭窄空地，受到《道路法》《都市计画法》《建筑基准法》等法规约束，几乎无法开发为零售店、办公室。伴随中目黑站附近的铁道高架桥抗震加固工程以及东急东横线和东京地铁副都心线直通运行的原站台延长工程，对长期以来封闭的高架下空间进行开发提上议事日程。

“中目黑高架桥下”的开发引入了“共享”的概念，即将全长约 700 米的铁道高架桥定义为一个大屋顶，在此基础上提出了共享“同一个屋顶下”的设计理念。“中目黑高架下”的店铺主要由特色店铺和地方原有店铺构成，设计中最大限度地尊重每个店铺的个性，并且尽量将其保留下来。在外观上通过连续性的屋顶设计并融入中目黑独有的特色，使 700 多米的高架下商业街形成了一个整体，并和周围的城市空间充分保持协调。如中目黑高架下面对目黑川的店铺，提供了开放的室外用餐空间，以此促进了内外空间的互动。

此外，中目黑还将高架下的铁道设施（车站和配电室等设备用房）的墙面设计为艺术之墙，并加强了车站与现有商业街和住宅区的联系，促进了高架下商业街的连续性[25]。

第二节　相关理论

一、有机更新理论

“有机更新”理论是我国学者吴良镛教授经过对北京旧城规划建设的长期研究与实践，结合中西方城市发展历史，借鉴相关理论，并结合北京历史发展与城市建设实际情况而提出的。吴良镛教授主张在进行历史城区开发、旧城区改造的过程中，要根据房屋现状，采用差异化的手段对原有居住建筑进行保护、开发与利用。具体来讲就是：针对质量较好、具有文物价值的予以保留；房屋部分完好者加以修缮；已破败者拆除更新。此外，吴良镛教授还强调对于北京市的胡同与四合院等历史遗产要予以保留。一方面，居住区内的道路保留胡同式街坊体系；另一方面，采用单元式住宅和四合院住宅形式相结合的方式，探索“新四合院”体系[26]。

吴良镛教授在《北京旧城与菊儿胡同》一书中提到：“总之，高质量的建筑就像一件衣服一样，‘新三年旧三年，缝缝补补又三年’，著名历史城市的构成，更像是一件生活中永远在使用的绣花衣裳，破旧了需要顺其原有的纹理加以‘织补’……这样，随着时间的推进，它即使已成了‘百衲衣’，但还应该是一件艺术品，仍蕴有美。当然比喻总是跛足的，但可用以说明在旧城整治与艺术的再创造的关系。”吴良镛教授还主张通过有机更新使得旧城重新走向有机秩序，他强调“更新工作必须根据其内在规律，有规划有引导地进行，而不是听其自然，放任自流”。针对北京市古都风貌日渐冲淡的问题，吴良镛教授也主张要积极地控制与引导，重点要做到以下两点：

一是努力提高建筑物的表现力。“正像大自然形式的丰富多彩是建立在某种意味深长的‘秩序’之上的，这种秩序在每种形式上都不相同，并且表示着形式所蕴藏的含义。”

二是努力提高建筑物之间的“相互协调”，“即把事物结合在一起，形成具有协调性秩序的完整景色”。

有机更新强调在旧城改造过程中要坚持两点：一是研究旧城基本的共同点及整体性原则；二是注意各个地区的差别性，根据不同的条件作多路探索，“既有地区的完整统一，又有局部的创造”[27]。

二、城市触媒理论

城市触媒的思想始于20世纪60年代，纽约的一些城市规划师开始倾向于把城市设计作为一种政策来看待。巴奈特提出了著名的“设计城市而不是设计建筑”的理念，认为“城市设计并不是预先勾绘出二十年后的发展形态，而是日常的决定，点点滴滴积累的结果”。随后，美国建筑师韦恩・奥图和唐・洛干开始寻求一种新的城市设计方法，并于1989年出版了《美国都市建筑：城市设计的触媒》一书。在该书中，韦恩・奥图和唐・洛干将城市触媒概念引入建筑学界，他们认为城市中应该有“一系列有限的但是可及的远景目标，而彼此都能互相刺激和影响，起协调作用，这就是城市催化作用（发挥城市催化作用就是城市催化剂）”。奥图认为，无论是功能主义、形式主义还是人文主义，每种主义的范围与视野都是有限的，并且都倾向于主张城市应具有单一本质。相反，城市触媒的理念可从各个不同的、更广阔的视角来建设城市，不受制于某一个狭隘的视野。城市触媒理论是从化学催化的角度来分析城市设计。“促使城市结构发生持续性、渐进的再生，最终的是触媒并不是单一的最终产品，而是一个能够刺激和引导一系列后续发展的要素。”

奥图等人将城市触媒的内涵总结了一下 8 个基本特征：

①新要素（即触媒）的引入能够改善区域中现存要素。城市触媒并不局限于经济要素（例如投资引发投资），也可能来自于社会、法律、政治等方面的要素。

②城市触媒能够提升现有城市要素的价值，或者以有利的方式对其加以改变，新要素不会摧毁或贬低旧要素，反而可以替代或补充旧的要素。

③触媒的催化反应是可控制的，不会损害原有的城市环境内涵。即仅仅释放其催化能量是不够的，还必须能够控制和疏导催化能量。

④正面性的触媒反应需要了解其背景内涵，触媒必须是经过深思熟虑的、深入理解的、可接受的结果，不能假定各个城市都是均等的。

⑤触媒的催化反应并非事先预测好的，没有一个模式能够适用于所有情况。

⑥触媒设计是影响城市未来形态的战略性决策，不是简单干预，而是精心策划的结果。

⑦触媒的整体反应效果大于各部分反应效果的集合。

⑧反应之后的触媒没有被消耗掉，仍有可识别性，其独特个性的存在和整个城市的内涵。

城市触媒理论描述了如何从目标达到实现的过程、作用与反作用、因果关系等，强调注重城市发展的过程性和连续性[28]。奥图等人强调："城市触媒最初的作用是作用于与其相邻的城市构成元素，改变其现有元素的外在条件或者内在属性，并带动其后续发展。”触媒反应一旦开始，得到完善的原建筑元素，就会引起周边空间的调整，在一定范围内产生共振，促使范围更大的区域性联动发展。可见，城市触媒并非最终目的，而是要以触媒为出发点带动城市渐进、可持续性地更新，从而实现优化城市环境的特色与品质、改善周边地区的内外部环境等目标。此外，城市触媒可以是物质的，也可以是非物质的。物质的城市触媒可以是新的地标建筑和公共空间，非物质的城市触媒可以是大型艺术项目、会展或节庆活动等[29]。

三、城市针灸理论

“城市针灸”（Urban Acupuncture）是广义建筑学领域的一个概念，是西班牙建筑师、城市学家马拉勒斯结合巴塞罗那的城市复兴实践于 1982 年提出的。马拉勒斯认为，“城市针灸”是指一种催化式的“小尺度介入的城市发展战略”。随后，库里蒂巴市长吉姆·勒纳对“城市针灸”理论进行了深化，他于 2003 年出版了题为《城市针灸》的研究报告，认为“针灸疗法要求行动方针必须简单，并且能产生即刻的影响，以合理的成本提高城市居民的日常生活品质，解决市中心或城市边缘区的突发情况”。勒纳认为，对于城市病而言，城市针灸疗法确实存在着一种魔力。因此，要采取这样一种方式来刺激城市关键节点：能够有助于治疗病患、提高机能、积极的效应和连锁反应的刺激。这种外界干涉是城市复兴所必需的，能够以一种完全不同的方式激活城市有机体的功能。从某种意义上，库里蒂巴的城市针灸理念拓展了马拉勒斯城市针灸理论的应用范围，吉姆·勒纳将城市针灸上升到城市的管治哲学层面，并且从物质的建设上升到政策措施、财政奖励、公共教育等公共政策。

城市针灸的工作原理借鉴了中医针灸学的原理，将城市作为一个生命体，认为城市再生与发展是一个肌体生长过程，在把握城市整体脉络的前提下，城市设计也应当将每个细部作为城市整体的一部分进行营造。在城市生命体的“穴位”（如重要的节点）上插入某些形式，通过它们对城市产生刺激，通过路径传播对整个城市肌体产生影响，从而解决某些城市问题。城市针灸理论最大的贡献之处在于其提出了自下而上、由点及面的城市发展策略，提出了由细部到整体的规划策略，从而由此延伸出了连续性和过程性的城市发展模式，而非一味地从宏观上描绘城市未来的终极发展蓝图[28]。

第三节　研究进展

一、国外研究进展

当前，国内外普遍提倡“城市触媒”“城市针灸术”“小规模渐进式”更新、城市再生、城市复兴，强调小规模、渐进式的更新模式。对其 20 世纪 60 年代以来，西方学者开始对大规模改造的城市更新模式进行批判，越来越关注“人的尺度”在城市建设与改造中的重要性，强调在原有基础上进行有针对性的渐进式、小规模更新改造。在此过程中，众多学者对渐进式、小规模的更新改造思想进行了阐述。

第一，西方学者强调城市建设要关注“人的尺度”。芒福德（1961）在其著作《城市发展史》中明确表示出对大规模城市改造方式的强烈反对，认为这种完全拆除再建设的方式严重破坏了城市的有机机能，并强调城市建设应当注意人的基本需要，城市建设和改造应当符合人的尺度。雅各布斯（1961）在《美国大城市的死与生》中认为大规模的城市改造是一种“天生浪费的方式”，破坏了城市的多样性。美国建筑师克里斯托弗·亚历山大（1986）在《城市并非树形》中提出人类行为、心理和精神层面的相互交织构成了城市的多样性和复杂性，大规模改建会造成城市功能分裂，否定城市的文化价值。随后，在《建筑模式语言》一书中，他主张以小规模、多样性的渐进式更新来实现人、自然和城市的和谐统一[30]。舒马赫（2007）在《小的是美好的》中指出了城市大规模发展模式的缺点和局限，并主张采用“以人为尺度的生产方式”和“适宜技术”，鼓励采用小规模的城市发展模式。

第二，针对以往大规模推倒重建式城市更新所引发的问题，西方学者提出了新的城市设计方法，关注小规模、渐进式的更新改造。韦恩·奥图和唐·洛干（1994）出版了《美国都市建筑：城市设计的触媒》，提出“城市触媒”理论。柯林·罗（2003）在《拼贴城市》一书中抨击了追求完整、统一的乌托邦式的设计传统，认为城市建设应从文脉中诱发和产生拼贴的对象和方法，而“有机拼贴”的方式更容易实现和调整城市建设的目标。康斯特勒在其著作《无地的地理学》一书中首次提出新城市主义的思想，强调重新改造被废弃的传统城市中心区，使之重新成为居民集中的地点以建立新的密切邻里关系和城市生活内容，之后又进一步发展到有关对郊区城镇采用紧凑开发模式的探索，被看作以往城市更新、城市复兴政策的一种持续推进。

第三，在小规模、渐进式更新中，西方学者还十分关注城市历史文脉和历史街区的振兴。舒玛什在《文脉主义：都市的理想和解体》一书中提出了文脉的定义，即对于城市中已经存在的内容，无论其形式如何都不该破坏，而应尽量使其融入城市整体，成为城市的有机内涵之一。

第四，20 世纪 90 年代末以来，西方学者对小规模、渐进式的更新研究视角转向了城市复兴、城市再生。由理查德·罗杰斯勋爵领衔、包括彼得·霍尔在内的“城市工作专题组”（1999）发表了题为《迈向城市的文艺复兴》的研究报告,就可持续发展、城市复兴、城市交通、城市管理、城市规划和经济运作五方面主题，提出了城市转型的三个原动力。史蒂文·蒂耶斯德尔（2006）《城市历史街区的复兴》一书中主张传统空间修复应具有识别性，注意弥补城市碎片和城市缺失的内容，注重多功能混合，保留多样的商业空间，以一种小规模的渐进的方式，保护和丰富现有居住环境和社会结构。彼得·罗伯茨和休·塞克斯（2000）在《城市更新手册》一书提出了城市再生的十大原则，包括详细分析城市及地区的各种问题与情况，尝试利用全面和综合的策略解决问题，确保深化策略与再生的进度，设立明确的、可操作的、量化的目标体系，尽可能地优化利用自然、经济、人以及其他各种资源，寻求并确保行动的共识，通过所有相关者尽可能多地参与和合作，策略进展的特定评估等[7]。

二、国内研究进展

吴良镛教授（1989）最早提出了“有机更新”的概念，他在《北京旧城与菊儿胡同》中主张城市建设应遵循城市内在秩序与规律，以适当的规模、合理的尺度处理各种关系，指出要进一步探索小规模改造与整治方面的研究[31]。张杰（1996）较早研究了北京部分历史文化保护街区中出现的居民自发式小规模改造居住空间及环境的现象，将其概括为“自助式微改造”，并指出小规模改造不是无序的改造，而是要推动城市建设和规划管理工作提高到一个新水平，促使城市改造遵循社会、经济、环境协调稳定发展的规律运行[32]。王英（1998）认为小规模更新改造具有较强的针对性，能够渗透到城市环境的营造和空间使用的全过程。他还指出要结合城市历史文脉，在保证城市土地在经济、社会、技术等方面的不同条件下，保持城市风貌协调统一，实现城市的可持续发展[33]。方可（1999）则在“有机更新”理论的基础上提出小规模改造的理论，内容涉及住房改建、翻建、养护、修缮、环境整治以及居民就业、生活与工作环境的提高[26]。仇保兴（2011）提出“重建微循环”理论，提出“微更生”，倡导“有机更生”，积极拓展“微空间”，努力发掘城市空间利用效率[34]。

随后，“微更新”理念开始深入城市更新研究领域，国内学者纷纷就城市“微更新”展开了讨论。如何子张、洪国城（2015）提出全面拆除重建的老城改造模式在政治、经济、社会和文化层面上都面临困境。他们选取厦门老城的营平街区作为案例，从公屋腾退与激活及私房自主更新展开了深入研究，提出了公房引导与私房自主更新的老城整治规划建设与运营管理策略，倡导“微更新”的规划方法，具体包括通过公共空间环境整治、基础设施改进等手段提升街区活力，并指出要引导成立社区自治组织，规范社区自治组织的运作机制，促进老城区共同缔造[35]。李郇等（2016）提出微更新要通过全球文化与地方性文化结合实现功能置换与更新，培育城市自我更新修复的能力[36]。姚新涛、曾坚（2016）以生态化的视角探讨旧城区建筑、基础设施以及交通系统三个方面的物质层面的微更新路径[37]。宁昱西等（2016）将微更新的理念引入西安老城保护中，提出微更新理念的具体操作，包括甄选更新触媒、空间落实及分期实施计划、构建更新机制三个步骤[38]。秦海东、胡李平（2018）从城市触媒理论出发，对微更新的运用意义进行了阐述，并提出传统商业街区微更新策略包含物质形态和非物质形态两个方面。在物质形态方面，他们指出传统商业街区微更新要关注宏观、中观、微观三个层面，宏观层面要考虑城市的地域特征、城市消费人口、城市文脉等内容，中观层面重点关注的是街区骨架和机理，微观层面要聚焦于建筑物、构筑物与公共配套服务设施三个方面[39]。施立平（2018）对上海市城市微更新实践展开了研究，提出上海市城市微更新主要有两种模式，分别是政府主导下的规模化微更新和老旧小区的微更新[40]。田健（2018）等人对微更新的目标、路径选择以及存量空间活化方法的建构进行了研究，提出旧城区存量空间活化是实现微更新目标的重要途径，具体方法包括街区产业微培育、生态空间微修复、服务网络微织补[17]。

同时，随着社会治理理念的不断推广，我国各界也逐步加强了对社区发展的重点。在城市微更新中，基于社区层面的微更新活动也成为重要研究内容，其研究的重点在于社区微更新的路径、策略与手段。马宏、应孔晋（2016）强调了社区空间微更新中的社区营造，并基于上海社区空间微更新，总结了社区营造若干路径与可持续发展策略[41]。郭玖玖（2017）针对上海普陀区万里街道社区和长沙向韶社区的微更新案例，从社区公共空间、景观绿化、交通系统和建筑改造等提出了具体策略[42]。王承慧（2018）从社区治理的角度对社区微更新展开了研究，认为社区微更新可分为项目行动圈层和制度环境圈层两个圈层，在此基础上提出社区微更新要建立包括政府及公共机构、社区内在主体和外部支持主体等多方主体参与的善治机制[43]。在社区微更新中，部分学者还对社区公共空间的微更新活动展开了研究。梁惠兰等（2017）提出社区公共空间微更新应该以“人”为最基本出发点，满足居民对空间功能的需求，并充分考虑特殊人群的需求设置无障碍通道和人性化设施[44]。刘悦来等（2018）对上海市社区花园的实践展开了细致分析，指出上海市社区花园在不改变土地性质和绿地属性的前提下，以深入的社区参与推动了城市绿地内涵的拓展与外延[45]。

第四章　城市微更新的政策与实践

第一节　微更新背景下我国城市更新的政策转型

一、概述

早在1984年,国务院就合理、科学地制定和实施城市规划,颁布了《城市规划条例》。该条例明确了我国旧城区改建的重点在于“城市的危房区，棚户区，市政公用设施简陋、交通阻塞、环境污染严重的地区”, 改建的主要内容包括改善工业布局和工业结构、改善居住条件和基础设施状况、扩大绿地和文化体育活动场地。随后，我国加强了城市规划立法，于1990年起实施《中华人民共和国城市规划法》，该法规中仍将城市更新活动局限于城市旧区的改建，强调城市旧区改建要聚焦改善居住和交通运输条件、加强基础设施和公共设施建设。

进入21世纪以来，我国进一步加强了对城乡规划工作的认识，逐步认识到历史城区保护的重要性，对于城市旧区的改建开始强调要注重历史文化遗产和传统风貌的保护。2000年，国务院出台了《国务院办公厅关于加强和改进城乡规划工作的通知》(国办发[2000]25号)。在这一文件中，我国开始重视对历史文化名城的保护利用，提出要“认真编制和完善历史文化名城保护规划”，并明确了历史文化名城保护规划的重点在于“划定历史街区和文物古迹保护范围及建设控制地带，制定严格的保护措施和控制要求”。与此同时,我国转变了以往“大拆大建”的城市建设思路。2004年，国务院出台了《国务院办公厅关于控制城镇房屋拆迁规模严格拆迁管理的通知》(国办发[2004]46号)，提出“制止和纠正城镇建设和房屋拆迁中存在的急功近利、盲目攀比的大拆大建行为”, 同时要“严格制订拆迁计划，合理控制拆迁规模”。2007年，为加强城乡规划管理、改善城乡人居环境，我国颁布了《中华人民共和国城乡规划法》。《城乡规划法》规定“城市的建设和发展，应当优先安排基础设施以及公共服务设施的建设”，对于旧城区的改建则强调应当保护历史文化遗产和传统风貌，合理确定拆迁和建设规模。可见，我国的城市建设活动向公共利益导向转变，同时城市更新转向综合整治。

伴随着我国城镇化率突破50%，我国城镇化建设思路发生了重大调整，城市更新的政策重点与措施也发生了改变。2014年，我国出台了《国家新型城镇化规划（2014—2020年）》，提出了要加快转变城镇化发展方式，全面提高城镇化质量，并明确了促进城市紧凑发展和提高国土空间利用效率等基本原则。在《国家新型城镇化规划（2014—2020年）》中，更进一步强调了旧城区的改造要坚持改造更新与保护修复并重，同时将旧城改造的内容进行了拓展，包括老工业区搬迁改造、棚户区改造、城中村改造、旧住宅小区综合整治、危旧住房和非成套住房改造等。2016年2月，《中共中央 国务院关于进一步加强城市规划建设管理工作的若干意见》针对我国城市发展中存在的特色缺失、公共产品和服务供给不足等问题，提出要加大对历史文化风貌的保护，“有序实施城市修补和有机更新”，城市修补和有机更新的方式包括维护加固老建筑、改造利用旧厂房、完善基础设施、合理利用历史文化遗产等。同时，实施棚户区改造行动计划，明确提出“大力推进城镇棚户区改造，稳步实施城中村改造，有序推进老旧住宅小区综合整治、危房和非成套住房改造”。2017年，我国开始全面推进“城市双修”工作。同年3月6日，住房城乡建设部发布《关于加强生态修复城市修补工作的指导意见》，提出城市生态修复的主要内容包括山体修复、水体治理和修复、废弃地修复利用和绿地系统完善，城市修补的主要内容包括填补基础设施欠账、增加公共空间、改善出行条件、改造老旧小区、保护历史文化和塑造城市时代风貌。

二、棚户区改造

棚户区是指国有土地上集中连片建设的简易结构房屋较多、建筑密度较大、房屋使用年限较长、使用功能不全、基础设施简陋的区域。2005年10月，建设部印发《关于推进东北地区棚户区改造工作的指导意见》，棚户区改造工作在东北地区首次开展实践。在接下来的几年里，棚户区改造并未为引起国家层面的广泛重视。直到2008年，面对我国日益严峻的住房紧张问题，中央出台扩大内需10项措施，“加快建设保障性安居工程，加大对廉租住房建设支持力度，加快棚户区改造，实施游牧民定居工程，扩大农村危房改造试点”成为第一项内容。棚户区改造被纳入保障性安居工程，在全国范围内推广。随后，棚户区改造成为一项重大的民生工程，年年被列入政府工作的年度重要任务。2009 年 12 月，住建部、国家发改委、国土资源部等六部委联合印发《关于推进城市和国有工矿棚户区改造工作的指导意见》(建保 [2009]295 号)，该意见从资金支持、税费减免等方面对棚户区改造项目进行扶持，如意见提出棚户区改造可“采取财政补助、银行贷款、企业支持、群众自筹、市场开发等办法多渠道筹集资金，”“对城市和国有工矿棚户区改造项目，免征城市基础设施配套费等各种行政事业性收费和政府性基金”。随后，住建部还出台了《关于做好城市和国有工矿棚户区改造规划编制工作的通知》(建保 [2010]58 号)、《关于中央投资支持国有工矿棚户区改造有关问题的通知》(建保 [2010]56 号)两个政策文件，进一步细化明确了棚户区改造项目的规划编制与资金补助程序。

在推进以人为核心的新型城镇化建设的背景下，党中央、国务院进一步加大了棚户区改造的力度。2013 年，国务院印发了《国务院关于加快棚户区改造工作的意见》(国发 [2013]25 号)，该意见明确了“2013 年至 2017 年改造各类棚户区 1000 万户”的总体要求，开启了我国全面推进各类棚户区改造的进程。我国的棚户区改造范围得到了扩大，就城市而言，城中村改造也被纳入了棚户区改造的范围内。同时，我国的棚户区改造方式也开始向多渠道迈进，意见指出“城市棚户区改造可采取拆除新建、改建(扩建、翻建)等多种方式”。2014 年，国务院又发布了《国务院办公厅关于进一步加强棚户区改造工作的通知》(国办发 [2014]36 号)，该文件重点针对棚户区改造过程中存在的规划布局不合理、配套建设落后、项目前期工作缓慢等问题，制定了具有较强针对性和操作性的措施，并从土地、财税、金融三个方面为棚户区改造提供支持。

2014 年，中国人民银行创新性地推出抵押补充贷款工具(PSL)，PSL 被广泛应用于棚户区改造的货币化安置中。为此，国务院于 2015 年出台了《国务院关于进一步做好城镇棚户区和城乡危房改造及配套基础设施建设有关工作的意见》(国发 [2015]37 号)，该意见首次提出积极推进棚户区改造货币化安置，同时将城市危房改造纳入了棚户区改造政策的范围内。此外，意见还对棚户区改造的融资体制机制进行了创新，允许多种主体参与棚户区改造，提出“鼓励多种所有制企业作为实施主体承接棚改任务”，并鼓励通过政府购买服务、政府与社会资本合作(PPP)模式等方式开展棚户区改造项目中的城市基础设施建设与运营。2015 年 8 月，住建部、国开行联合发布《关于进一步推进棚改货币化安置的通知》，要求各地货币化安置比例不低于 50%。自此，我国棚户区改造开始大规模实行货币化安置。然而，我国棚户区改造的货币化安置政策并不是一蹴而就的，近年来随着市场形势的变化也在逐步发生调整。2018 年，为规范棚户区改造的融资行为，财政部和住建部联合发布了《关于印发〈试点发行地方政府棚户区改造专项债券管理办法〉的通知》(财预 [2018]28 号)。

三、土地再开发

伴随着我国城镇化进程的快速推进，城镇用地规模迅速扩张，城镇低效用地现象普遍存在。在 2004 年国务院出台的《国务院关于深化改革严格土地管理的决定》（国发 [2004]28 号）中便明确了我国要实行强化节约和集约用地的政策，提出“建设用地要严格控制增量，积极盘活存量”，并明确了要开展存量建设用地普查工作，研究制定鼓励盘活存量建设用地的政策措施，要求新建项目优先利用现有建设用地。2007 年，我国发布了《土地储备管理办法》，明确规定储备土地优先储备闲置、空闲和低效利用的国有存量建设用地。2008 年，国务院进一步下发了《国务院关于促进节约集约用地的通知》（国发 [2008]3 号），要求完善建设用地储备制度。随后，土地储备制度得到了大规模的运用，形成了国有土地的招拍挂等市场化运作方式，成为我国存量建设用地再开发的主要方式。

“十二五”以来，我国进一步加大了对城镇低效用地再开发的力度。在《全国土地整治规划（2011—2015 年）》中，将城镇工矿建设用地整治纳入了土地整治的范畴，提出要全面推进旧城镇、旧工矿以及“城中村”改造。随后，我国内蒙古、辽宁、上海、江苏、浙江、福建、江西、湖北、四川、陕西 10 个省级行政区开展了城镇低效用地再开发试点工作。2014 年，国土资源部出台了《节约集约利用土地规定》，提出对于纳入低效用地再开发范围的项目，可以制定专项用地政策，并鼓励社会资金参与城镇低效用地的再开发利用。2016 年 11 月，国土资源部印发《关于深入推进城镇低效用地再开发的指导意见（试行）》（国土资发 [2016]147 号），针对城镇低效用地再开发，提出“鼓励土地权利人自主改造开发，鼓励社会资本积极进入”。同时，该政策文件中还明确了我国城镇低效用地再开发的公共利益导向，提出“在改造开发中要优先安排一定比例用地，用于基础设施、市政设施、公益事业等公共设施建设，促进文化遗产和历史文化建筑保护”。

四、历史城区保护

改革开放以来，我国高度重视文物保护工作，早在 1982 年便出台了《中华人民共和国文物保护法》，但直到 2002 年的《中华人民共和国文物保护法（2002 修订）》中才明确提出“历史文化名城和历史文化街区、村镇所在地的县级以上地方人民政府应当组织编制专门的历史文化名城和历史文化街区、村镇保护规划，并纳入城市总体规划”。随后，2004 年建设部印发了《关于加强对城市优秀近现代建筑规划保护的指导意见》(建规 [2004]36 号),鼓励各地根据本地区的实际情况,积极推动城市优秀近现代建筑保护专项的地方立法工作,并指出“对于已经确定的城市优秀近现代建筑,必须组织编制专门的保护规划”。为了加强历史文化名城、名镇、名村的保护与管理,我国于 2008 年出台了《历史文化名城名镇名村保护条例》(中华人民共和国国务院令第 524 号),其中确立了历史文化名城、名镇、名村要注重保护对传统格局、历史风貌和历史建筑的保护,并明确规定除了新建、扩建必要的基础设施和公共服务设施外,“在历史文化街区、名镇、名村核心保护范围内,不得进行新建、扩建活动”。

“十三五”以来,我国加大了对历史建筑的保护力度。2017 年,住房和城乡建设部出台了《住房城乡建设部关于加强历史建筑保护与利用工作的通知》(建规 [2017]212 号),提出要采取区别于文物建筑的保护方式,在保持历史建筑的外观、风貌等特征基础上,推动历史建筑的合理利用,丰富和活化历史建筑内业态和功能。与此同时,鼓励社会力量参与历史建筑的保护和利用。随后,住房和城乡建设部在北京、广州、苏州等 10 个城市开展了历史建筑保护利用试点工作。根据《住房城乡建设部关于将北京等 10 个城市列为第一批历史建筑保护利用试点城市的通知》(建规 [2017]245 号),10 个试点城市的重点工作主要包括开展历史建筑普查、创新历史建筑合理利用路径、完善历史建筑保护技术标准、拓宽历史建筑保护资金渠道等,其中在创新历史建筑合理利用路径中明确提出可以通过“开设创意空间、咖啡馆、特色餐饮和民宿等方式”对历史建筑进行合理利用。

第二节　我国主要城市的城市微更新政策与实践

一、北京

(一)政策演变

作为一座拥有三千多年历史的古都,北京市的历史遗迹众多。早在中华人民共和国成立之初,我国著名建筑家梁思成、陈占祥等便提倡对北京旧城实行整体保护。然而,面对城市发展的紧迫需求,北京市城市建设采取了以旧城为中心的城市扩建措施,明确“对于故宫、天坛、颐和园等重要皇家建筑予以保留,而城墙、牌楼、街巷、寺庙等其他设施,在面对城市发展建设需要时可以拆除”的思想,大片平房被推倒,众多历史文化建筑被拆除,从而导致北京古都风貌衰退[46]。随着经济的发展,旧城保护意识逐渐加强，大规模的危改模式日益受到批判，大拆大建的势头从 2001 年的最高峰逐年有所下降。北京市逐渐认识到历史风貌保护的重要性，在原有危房改造经验的基础上不断调整思路，提出了一系列具有建设意义的指导性规划。2001 年《北京旧城 25 片历史文化保护区保护规划》编制完成，2002 年《北京历史文化名城保护规划》编制完成，2003 年《北京皇城保护规划》出台，2004 年《北京第二批 15 片历史文化保护区保护规划》编制完成，2005 年《北京城市总体规划（2004—2020 年）》修编完成，2005 年 5 月《北京历史文化名城保护条例》开始实施，同月出台了《北京旧城历史文化保护区房屋保护盒修缮工作的若干规定》，2007 年 11 月颁布《北京旧城房屋修缮与保护技术导则》。北京市的城市更新逐步由原来的大拆大建向小规模、微循环、多样化、渐进式改造方式转变。

“十三五”以来，随着北京市人口过于集中、建设用地紧张、社会分化加剧等问题日益严峻，北京市开始探索减量发展的路径，努力通过推动建设用地集约高效利用、产业转型升级等措施，实现建设用地规模减量。2015 年 12 月，《中共北京市委关于制定北京市国民经济和社会发展第十三个五年规划的建议》提出要严控城市增长边界，坚决遏制“摊大饼”式发展。2016 年 6 月，中共北京市委、市政府《关于全面深化改革提升城市规划建设管理水平的意见》要求编制实施城乡建设用地减量五年规划和年度计划。2017 年 9 月，《北京城市总体规划（2016 年—2035 年）》（以下简称“新版城市总规”）正式公布，“新版城市总规”明确提出“促进城乡建设用地减量提质和集约高效利用，到 2020 年城乡建设用地规模由现状 2921 平方公里减到 2860 平方公里左右，到 2035 年减到 2760 平方公里左右”。至此，北京市正式步入“减量发展”时代。2017 年底，北京市进一步出台了关于高精尖产业用地与保护利用老旧厂房拓展文化空间等相关政策，作为“盘活存量”“做优增量”、促进产业优化升级的政策支撑。

在推进减量发展的过程中，北京市还大力开展了疏解整治促提升、老旧小区整治、棚户区改造等工作，以推进城市有机更新。2017 年 1 月，北京市人民政府出台了《北京市人民政府关于组织开展“疏解整治促提升”专项行动（2017—2020 年）的实施意见》，在推动一般制造业和“散乱污”企业、区域性专业市场、部分公共服务等非首都功能的设施向外疏解转移的同时，要开展新阶段老旧小区综合整治、配套提升和长效管理试点。为此，2018 年 2 月，北京市规划和国土资源管理委员会出台了《北京市规划和国土资源管理委员会关于印发〈关于加快推进老旧小区综合整治规划建设试点工作的指导意见〉的通知》，随后，北京市政府办公厅印发《老旧小区综合整治工作方案（2018—2020 年）》。在棚户区改造方面，2018 年 9 月，北京市规划和国土资源管理委员会发布了《关于印发〈北京市土地资源整理暂行办法〉的通知》，该办法首次提出了“规划实施单元”的概念，棚户区改造和环境整治项目也被纳入“规划实施单元”。同时，北京市着力推动棚户区改造工作转型，在《北京市 2019 年棚户区改造和环境整治任务》中明确提出，要推动棚户区改造工作“由实施主体主导向党委领导、政府主导、群众参与转变；由重拆迁向重拆迁腾退、成本控制、规划设计、建设、交用和重腾退空间利用、保护提升全过程管理转变；由重项目启动向重收尾转变，实现进度、质量、效果统筹”。

此外“新版城市总规”还提出了要推动城市治理方式创新，“坚持人民城市人民建、人民管，依靠群众、发动群众参与城市治理”。近年来，北京市不断推动街巷管理体制改革创新，2018 年出台了《关于党建引领街巷管理体制机制创新 实现“街乡吹哨、部门报到”的实施方案》。2019 年 2 月，北京市正式印发《关于加强新时代街道工作的意见》，该意见明确提出“推行以街区为单元的城市更新模式，推动街区小规模、渐进式、可持续更新”。2019 年 3 月 29 日，《北京市城乡规划条例》修订方案通过，在最新一版的《北京市城乡规划条例》中，明确提出“本市建立区级统筹、街道主体、部门协作、专业力量支持、社会公众广泛参与的街区更新实施机制，推行以街区为单元的城市更新模式”。北京市正式步入街区更新的时代。

（二）主要做法

一是结合“疏整促”行动推动城市更新，重视公共设施和开放空间的补充。近年来，北京市大力开展了非首都功能疏解行动。在非首都功能疏解的过程中，北京市提出要“统筹考虑疏解与整治、疏解与提升、疏解与承接、疏解与协同的关系”，也就是说在大力推动区域性商品交易市场、大型医疗机构、一般制造业等向外转移疏解的同时，要积极调整优化传统商业区，并推动传统平房区保护更新。特别是对于中心城区，北京市提出要将疏解非首都功能与城市综合整治结合起来，在疏解非首都功能的同时，要开展城乡结合部整治改造、老旧小区综合整治、重点区域整治提升、棚户区改造等工作。可见，北京市的非首都功能疏解，不仅仅在于产业转移与功能疏解，更重要的是在疏解的过程中，通过对腾退空间的有效利用来达到功能提升、品质提升的目标。在疏解整治促提升的过程中，北京市十分关注公共设施和开放空间的补充，《北京城市总体规划（2016 年—2035 年）》提出“疏解腾退空间优先用于保障中央政务功能，预留重要国事活动空间，用于发展文化与科技创新功能，用于增加绿地和公共空间，用于补充公共服务设施、增加公共租赁住房、改善居民生活条件，用于完善交通市政基础设施”。同时，根据《北京市人民政府办公厅关于印发〈老旧小区综合整治工作方案（2018—2020 年）〉的通知》，北京市老旧小区综合整治的主要内容包括补充市政基础设施、补充居民上下楼设施、补充停车设施、补充社区综合服务设施等（见表 4–1）。此外，针对中心城区特别是老城区存在公共空间数量不足、功能单一、品质不高、可进入性差等问题，北京市开展了公共空间改造提升工作。由北京市发改委制定了《关于城市公共空间改造提升示范工程试点工作方案》，确定在东城区和西城区选取 10 个项目启动试点，试点项目包括东四南街巷微空间营造项目、南新仓遗址公园建设项目、磁器口大街周边慢行空间改造提升项目、阜成门内大街、三庙街绿地 + 停车设施改造项目、杨梅竹斜街智慧人本空间改造项目等。

北京市老旧小区改造整治菜单 表4–1

范围	类别	改造整治内容
楼本体	基础类	拆除违法建设
		整治开墙打洞
		清理群租
		地下空间治理
		对经鉴定不满足抗震设防要求的楼房同时进行抗震加固和节能改造
		对性能或节能效果未达到民用建筑节能标准 50% 的楼房进行节能改造
		根据实际情况，对楼内水、电、气、热、通信、防水等设施设备进行改造
		进行空调规整、楼体外面线缆规整
		对楼体进行清洗粉刷
		拆除楼体各层窗户外现有护栏，对一层加装隐形防护栏
		光纤入户改造
		完善无障碍设施
	自选类	多层住宅楼房增设电梯等上下楼设施
		楼体抗震加固增加阳台
		多层住宅楼房平改坡
		屋顶美化
		太阳能应用
小区公共区域	基础类	拆除违法建设
		进行地桩地锁专项整治和清理废弃汽车与自行车
		绿化补建
		修补破损道路
		完善公共照明
		更新补建信报箱
		完善安防、消防设施

续表

范围	类别	改造整治内容
小区公共区域	基础类	根据实际情况进行水、电、气、热、通信、光纤入户等线路管网和设施设备改造，架空线规范梳理及入地
		维修完善垃圾分类投放收集站
		增设再生资源收集站点
		有条件的大型居住小区增建公厕
		无障碍设施和适老性设施
	自选类	增建养老服务设施和社区综合服务设施
		补建停车位及电动汽车充电设施
		完善小区信息基础设施和技术装备
完善小区治理	基础类	完善小区治理体系
		实施规范化物业管理

（资料来源：北京市人民政府办公厅《老旧小区综合整治工作方案（2018—2020 年）》）

二是探索以街区为单元的城市更新模式，初步建立起参与式营造的微更新模式。2017 年，北京市开展了街巷环境整治工作，制定出台了《首都核心区背街小巷环境整治提升三年（2017—2019 年）行动方案》，提出要以“十无一创建”[①] 为主要内容推动首都核心区内的 2435 条背街小巷环境整治提升工作。随后，北京市编制出台了《核心区背街小巷环境整治提升设计管理导则》，明确了背街小巷建筑立面、交通设施、牌匾标识、城市家具、绿化景观等十大类 36 项元素的设计规范。2018 年 8 月，北京市市委书记蔡奇强调要推动街巷整治走向街区更新。2019 年，《关于加强新时代街道工作的意见》的出台，标志着北京正式由街巷整治向街区更新转变，街区更新成为新时代北京市城市更新的主要方式。所谓街区更新指的是以街区为实施单元开展的小规模、渐进式、可持续的更新，更新的主要内容包括街区功能优化、业态提升、文化保护和传承、特色风貌塑造、文化培育、环境整治、基础设施和公共服务设施的改善等，致力于实现人居环境和城市品质的整体提升。腾退修缮文物、架空线入地、历史水系恢复、公共空间改造、补足便民服务设施、改善居民的住房条件等均被纳入街区更新工作中。街区更新的实施机制是搭建多元主体全过程参与的平台，通过建立区级统筹、街道主体、部门协作、专业力量支持、社会公众广泛参与的工作机制。为促进推动街区更新成片区、分步骤、有顺序地开展，北京市建立了责任规划师制度。2019 年 5 月，北京市规划和自然资源委员会发布了《北京市规划和自然资源委员会

① “十无”：无私搭乱建、无开墙打洞、无乱停车、无乱占道、无乱搭架空线、无外立面破损、无违规广告牌匾、无道路破损、无违规经营、无堆物堆料；“一创建”：创建文明街巷。

关于发布〈北京市责任规划师制度实施办法（试行）〉的通知》，明确了责任规划师的责任范围以街道、镇（乡）、片区或村庄为单元，主要为责任范围内的建设项目或公共空间改造提供规划技术咨询。

三是重点历史文化遗产的保护利用，促进老城复兴。《北京城市总体规划（2016年—2035年）》中明确提出“推动老城整体保护与复兴”。2019年2月，北京市规划和自然资源委编制了《北京历史文化街区风貌保护与更新设计导则》，该文件将北京市历史文化街区分为街区整体风貌保护、建筑风貌保护和控制、街巷空间及附属设施三个层次。在此基础上，北京市按类别归纳了历史街区10项保护要素和10项整治要素。在保护要素中，除了强调对街区天际线、整体形态特征、色彩基调、景观视廊等元素保护外，还纳入了街区功能、人口构成和社区结构、传统文化和非物质文化遗产等要素；在整治要素中，重点关注街区改善和更新工作中的风貌控制。为加强对历史建筑的保护，北京市还积极探索活化利用历史建筑、提升历史街区活力的路径，如东城区、西城区开展了“共生院”试点。“共生院”指的在完成大杂院部分居民腾退后，对老建筑进行保护性修缮，对腾退空间进行有效利用，具体包括新老建筑共生、新老居民共生和文化共生三种方式。新老建筑共生，就是利用腾退空间建设包括共享厨房、污水处理设施、配建卫生间等设施，用以提升留下来的居民的居住条件；新老居民共生，就是指利用腾退空间引入新居民居住；文化共生，就是指利用腾退空间引入图书馆、文化创意产业等新业态[47]。

（三）典型案例——东四南历史文化街区

东四南历史文化街区位于北京市东城区朝阳门街道办事处，是北京市第三批历史文化街区，东至朝阳门内南小街，南至干面胡同，西至东四南大街，北至前炒面胡同、前拐棒胡同，总面积约44.4公顷。街区内几乎完整保存着自元代形成延续至今的胡同肌理，更有大量富有价值的传统风貌四合院和名人旧居。东西南历史街区保护更新的特点在于广泛、深层次的公众参与的同时，激发社区内力、开展社区营造。2017年，“东四南历史街区保护更新公众参与”项目荣获全国人居环境建设领域的最高荣誉奖项——中国人居环境范例奖。

东四南历史文化街区保护更新的公众参与始于史家胡同。2010年，朝阳门街道办事处和英国王储慈善基金会（中国）以东四南历史文化街区内的史家胡同为试点开展了公众参与的“社区工作坊”，在收集居民意见的基础上，决定将史家胡同24号改造为胡同博物馆。史家胡同博物馆于2013年建成并对外开放。在此期间，北京市东城规划分局还委托北京市城市规划设计研究院编制《东四南历史文化街区保护规划》。

随后，为进一步推动居民和社会共同参与街区保护更新，朝阳门街道办与北京市城市规划设计研究院共同推动成立了社会组织“史家胡同风貌保护协会”，构建了一个基层政府、社区、居民、产权单位、房屋管理部门、研究机构、专家志愿者、企业等共同参与历史街区保护的新平台。北京市城市规划设计研究院的规划师担任协会顾问和责任规划师，长期跟踪、参与街区建设。自成立以来，史家胡同风貌保护协会开展的工作主要包括三项。

一是社区公约制定。在社区书记同时也是史家胡同风貌保护协会理事长的引导下，史家胡同居民自发提出需要有一部共同遵守的乡约民规。经过 8 个月、8 次会议，最终形成了包含 23 条的《史家社区公约》。

二是院落提升。为改善居住条件、强化胡同风貌保护，史家胡同风貌保护协会策划了“咱们的院子——院落提升”项目，选择了 7 个不同的院落进行参与式设计试点，由协会专业志愿者——责任规划师同社区、居民和产权单位共同筛选、协商、设计。

三是胡同口述史调查。自 2013 年起，史家胡同风貌保护协会开展了胡同口述史调查工作，试图通过口述史的收集与整理强化居民共同记忆，发掘社区能人。2017 年，史家社区进一步发起了“老照片工作坊”项目[48]。

除了“史家胡同风貌保护协会”,东四南历史街区还在文化共同体方面展开了探索。如史家胡同文创社于 2016 年 9 月成立，由北京昭微设计公司第三方运营，史家胡同文创社广泛吸引当地居民参与，签约了社区艺术家。2017 年，朝阳门社区文化生活馆成立，启动了艺术社区计划，着眼于激发群众文化参与热情。

二、上海

（一）政策演变

1985 年国务院批准的《关于上海经济发展战略汇报提纲》明确提出使上海成为全国四个现代化建设的开路先锋。上海开始有计划地改造生活居住条件差的地区，成片改造闸北、南市、普陀、杨浦等地区的简屋、棚户、危房和基础设施等，并在人民广场、外滩地区、漕溪路—徐家汇商城地区、天目西路—不夜城地区、豫园商城地区等重点地区实施了商业改造。20 世纪 90 年代，上海市开始有计划、有步骤地搬迁和疏解中心区工业用地，拆迁棚户简屋，腾出的土地用于发展商务办公、信息服务、金融等服务行业，同时开始关注城市历史文化价值的保护。其中，新天地、思南公馆、田子坊等改造项目的成功推进，为上海市探索保护型更新改造的模式提供了经验借鉴。随后，迈入 21 世纪以来，上海市开启了以历史文化资源保护为重点的城市更新。2003 年上海市政府批准《上海市中心城历史文化风貌区范围划示》，2004 年上海市政府批准《恢复风貌区规划》，同年上海市公布了《工业建筑文化修复规划》。

2010 年之后，上海城市发展进入减速与再思考的时期。为了细化和完善城市更新的工作流程、技术要求等，2015 年上海市政府发布了《上海市城市更新实施办法》，标志着上海城市更新模式从增量开发到存量优化的转变。随后，为有效实施《上海市城市更新实施办法》，建立科学、有序的城市更新实施机制，原上海市规划和国土资源管理局进一步细化和完善了城市更新工作流程、技术要求和相关政策，形成《上海市城市更新规划土地实施细则（试行）》以及《上海市城市更新规划管理操作规程》《上海市城市更新区域评估报告成果规范》等相关配套文件，建立起涵盖涉及规划、土地、建管、权籍等方面的"2+N"城市更新法规体系[49]。

随后，上海市进一步深入贯彻"有机更新"理念，大力探索渐进式、可持续的城市更新模式，构建城市微更新政策体系。2016 年，上海市制定了《中共上海市委、上海市人民政府关于深入贯彻中央城市工作会议精神进一步加强本市城市规划建设管理工作的实施意见》，指出要坚持公共利益优先，推动城市有机更新。同年 10 月，上海市规划和国土资源管理局、上海市交通委员会共同发布了《上海市街道设计导则》，其中明确了上海街道的公共功能，提出"鼓励通过阶段性改造和分时段管理渐进式地强化街道的公共活动场所功能"，同时街道的建设与更新项目要搭建政府、开发商和沿线业主的沟通平台，鼓励公众参与。2016 年 5 月，上海市规划和国土资源管理局启动了"行走上海 2016——社区空间微更新计划"活动，在全市范围内确定了 11 个微更新试点项目。

2017 年 4 月，《上海市土地资源利用和保护"十三五"规划》发布，明确了存量建设用地是城市发展空间的主要来源，提出实施共享社区计划、创新园区计划、魅力风貌计划和休闲网络计划城市更新"四大行动计划"，积极探索渐进式、可持续的有机更新模式。随后，为进一步推动城市有机更新，上海市政府相继印发了一系列政策文件，进一步完善历史风貌保护、改善居住条件等领域的政策措施。如 2017 年 7 月，上海市人民政府印发了《关于深化城市有机更新促进历史风貌保护工作的若干意见》（沪府发 [2017]50 号），明确了上海市历史风貌保护的总体要求是"以保护保留为原则、拆除为例外"，并提出"允许历史风貌保护相关用地因功能优化再次利用，进行用地性质和功能调整"。2017 年 11 月，上海市人民政府印发了《关于坚持留改拆并举深化城市有机更新进一步改善市民群众居住条件的若干意见》（沪府发 [2017]86 号）。该文件提出要开展保留保护建筑改造试点，对于需要保留原有建筑风貌和居住使用功能的，可按照"留房留人"等方式，实施修缮改造；对需要风貌保护且对居民重新安置的旧改地块，可通过“征而不拆”等方式，实施保留保护改造和利用。

为保障城市有机更新顺利推进，上海市还进一步优化完善了存量用地政策。2014年，上海市发布了《关于进一步提高本市土地节约集约利用水平的若干意见》(沪府发[2014]14号)，提出要推动工业用地减量化发展，积极在零星存量工业用地的多渠道转型开发，存量商业、服务业等功能性项目升级改造等方面展开探索。2016年3月，上海市人民政府办公厅出台了《上海市人民政府办公厅转发市规划国土资源局制订的〈关于本市盘活存量工业用地的实施办法〉的通知》(沪府办[2016]22号)，提出全面实施“总量锁定、增量递减、存量优化、流量增效、质量提高”基本策略，要求各区县编制存量工业用地转型规划，并允许零星工业用地自行开发，提出对于符合条件的零星工业用地，“可由原土地权利人采取存量补地价的方式，按照规划用途自行开发”。2018年12月，上海市出台了《上海市人民政府关于印发本市全面推进土地资源高质量利用若干意见的通知》(沪府规[2018]21号)，提出完善城市更新实施机制，提出“开展城市更新评估，引入社区规划师，组织公众参与，明确公共要素的配置要求”，进一步明确了城市更新的公共利益导向，强调多方参与。

(二)主要做法

一是注重历史风貌的保护与提升。2016年，上海将魅力风貌计划作为城市更新四大行动计划之一，提出要建立分级分类保护机制，协调风貌保护与发展建设的关系，要对具有地方传统特色的里弄街区、公共建筑、产业遗存、风貌道路及其他城市记忆开展抢救性保护工作。根据2017年发布的《关于深化城市有机更新促进历史风貌保护工作的若干意见》，为加强历史风貌保护，上海市将建立包含风貌评估、实施计划和实施监管等内容的促进历史风貌保护管理制度，同时对历史风貌保护提供资金、用地、保护修缮与安置等方面的支持政策。在资金方面，上海市将设立市、区两级的历史风貌保护及城市更新专项资金；在用地方面，上海市鼓励开发权转移，并提出历史风貌保护项目可按照保护更新模式，采取带方案“招拍挂”、定向挂牌、存量补地价等差别化方式供应土地。2019年9月，上海市修订并通过了《上海市历史文化风貌区和优秀历史建筑保护条例》。上海市进一步扩大了历史文化风貌区的保护范围，风貌保护街坊、风貌保护道路、风貌保护河道以及优秀历史单体建筑均被纳入历史风貌保护范围内。

二是重点关注社区公共服务设施、公共开放空间的补充、改造提升。上海市明确将公共要素列为城市更新区域评估的重要内容。具体评估内容包括：增加公共及开放空间，建构公共活动网络；增加地区公共服务设施，优先保障公益性设施落地；注重环境品质的提升[50]。为建设迈向卓越的全球城市，上海市提出了15分钟生活圈概念，希望通过完善基本生活单元模式来反映和体现新时期的城市生活方式、规划实施、社区管理的转型。2016 年 8 月，上海市公布了《上海市 15 分钟社区生活圈规划导则》，秉承社会福利公平性、新老社区标准一致的原则思路，鼓励以“城市双修”手段，通过现有资源挖掘以及周边资源共享，分期逐步提升老旧社区生活服务品质[51]。同时，在《上海市 15 分钟社区生活圈规划导则》中还鼓励老旧社区的公共空间微改造，鼓励对使用状况较差的小广场、小绿地、街道界面再设计，通过围墙涂鸦、建设屋顶花园、桥下空间改造等方式，使原来的消极空间转化为积极有活力的空间。为推动公共空间改造提升，近年来，上海市开展了一系列公共空间微更新行动，如上海市各地开展了社区花园实践，包括创智农园、百草园等典型项目，其具体内涵是由社区居民和公益组织共同参与，通过改造和利用城市的零碎空间，来补充和提升社区公共空间。

三是发挥市民主体作用，构建了鼓励多方参与、共享共建的开发机制。上海市城市更新坚持以民为本，保障市民权益。探索“政府—市场—市民—社团”四方协同的机制，注重物业权利人、设计师及政府部门的协作，发挥市民协商自治作用，努力避免使城市更新成为加重社会两极分化的过程。

（三）典型案例——万里街道社区

万里街道社区的原身是普陀区长征镇北片社区，于 2014 年成立，是上海第一批四大示范居住区之一。自 2015 年起，为更好地贯彻中央城市工作会议提出的以人为本、关注生活核心问题、提高城市发展宜居性的精神，进一步落实上海市总体规划提出“构建 15 分钟可达的社区生活圈”要求，上海市普陀区规划和土地管理局率先开展《万里街道发展规划研究》。2016 年在该规划的基础上，结合上海市城市有机更新四大行动计划，开展创新的社区治理模式研究，以新成立的万里街道为试点，开展了社区更新工作。

万里街道社区更新的主题为“魅力社区、悦行万里”，提出邻里之家、绿行万里和家园节三大行动，重点开展了以下三项主要工作。

一是杨家桥地区桃浦河沿岸综合改造。2016 年普陀区启动了杨家桥城市更新工程，以改善提升桃浦河两岸环境品质为目标。其中，河东侧以景观改造为主，中远期逐步打开各个小区围墙；河西侧以保证足够宽度的连续绿带为主，并结合现有空间设置小广场等活动节点，打通滨河慢行通道，是桃浦河综合改造的重点。

二是大力推动综合为老服务中心、“一站式”邻里中心建设。在交通路真华路口沿龙珍港的地块，利用原来的售楼处、真华路菜市场，在原有建筑基础上开展了加建、扩建等工作，设置1处综合为老服务中心，涵盖老年日间照料、助餐点、图书阅览、医疗卫生、文化活动与社区学校等综合功能。同时，万里街道社区增设邻里中心和公共空间，提供生活服务、养育托管、老年日托、卫生服务、综合健身、社区学校与社区食堂等服务。

三是"针灸式"微更新环境整治。一方面，加强对小区内闲置空间的利用。万里街道社区详细梳理各个小区公建配套的闲置空间，根据邻里级设施的服务半径与服务缺口，增设三合一家庭中心、睦邻中心、微利型商业及复合化医疗设施等。另一方面，结合公共绿地、街道空间、滨水空间和小区出入口，打造尺度宜人的小型公共空间，创造具有认同感的生活场所。

万里街道社区在社区更新中，还十分关注当地居民的诉求与意见，鼓励和引导社区居民全方位、深层次地参与社区建设，如组织社区居民、设计团队、街道管理者、市区两级规土部门、相关专家顾问等参加研讨会，听取居民意见与建议，鼓励居民动手参与建造活动，并通过同心家园等社区组织的培育，推动居民自治与社区共治[40]。

三、广州

（一）政策演变

为响应广东省的号召，广州市于2009年出台了《关于加快推进"三旧"改造工作的意见》（穗府[2009]56号），开始大力推进"三旧"改造工作。2012年，在实事求是总结3年试点工作并深入分析现阶段出现的新情况、新问题的基础上，广州市出台了《关于加快推进三旧改造工作的补充意见》（穗府[2012]20号）。补充意见在原有意见的基础上进行了修订，明确了"三旧"改造工作的原则是"政府主导、规划先行、成片改造、配套优先、分类处理、节约集约"。

2015年2月，广州市成立城市更新局，成为国内首个设置城市更新局的城市。城市更新局职能涵盖原"三旧"改造办公室，并由临时机构转变为常设机构。广州市城市更新局的成立标志着"三旧"改造向城市更新提升，除了进一步提升土地资源承载能力以外，还从城市再造的角度将优化人居环境、改善城乡面貌等提升到新的发展高度。广州市城市更新局成立以后，广州市分别于2015年底、2016年初出台了《广州市城市更新办法》（广州市人民政府令第134号）及其配套文件《广州市旧村庄更新实施办法》《广州市旧厂房更新实施办法》和《广州市旧城镇更新实施办法》。《广州市城市更新办法》对城市更新范围、城市更新方式、更新规划与策划方案的编制、更新用地的处理、城市更新的资金筹措与使用等内容进行了明确的规定。针对以往“三旧”改造中的“大拆大建”所导致的传统文化消失、社区认同减少的问题，《广州市城市更新办法》明确提出城市更新方式包括全面改造与微改造两种方式。其中，全面改造适用于城市重点功能区以及对城市功能、产业发展等有较大影响的城市更新项目，而微改造“是指在维持现状建设格局基本不变的前提下，通过建筑局部拆建、建筑物功能置换、保留修缮，以及整治改善、保护、活化，完善基础设施等办法实施的更新方式，主要适用于建成区中对城市整体格局影响不大，但现状用地功能与周边发展存在矛盾、用地效率低、人居环境差的地块”。

随后，广州市进一步推动城市更新微改造，于 2017 年印发了《广州市老旧小区微改造实施方案》。2017 年 6 月，为进一步贯彻落实国土资源部《关于深入推进城镇低效用地再开发的指导意见（试行）》（国土资发 [2016]147 号）、《广东省人民政府关于提升“三旧”改造水平促进节约集约用地的通知》（粤府 [2016]96 号），广州市出台了《广州市人民政府关于提升城市更新水平促进节约集约用地的实施意见》（穗府规 [2017]6 号），明确提出以成立广州城市更新基金的方式为城市更新中的老旧小区微改造、历史文化街区保护、公益性项目等提供资金支持。2019 年 4 月，广州市人民政府办公厅发布了《广州市人民政府办公厅关于印发广州市深入推进城市更新工作实施细则的通知》（穗府办规 [2019]5 号），提出精细化推进城市更新，城市更新要“多采用微改造方式”，并对旧村、旧城镇、历史文化街区和优秀历史文化建筑、旧厂的微改造方式进行了明确的指引。

（二）主要做法

一是重视历史景观的恢复，以及对历史文化遗产的活化利用。2003 年广州市便启动了《广州历史文化名城保护规划》的编制工作，至 2014 年 11 月正式出台，经过 11 年的探索，广州市建立了整体保护的观念，提出以自然景观主导、线性文化遗产串联、主题聚集区凸显、“点、线、面”结合的“整体保护”思想，并初步建立起覆盖历史城区、历史文化街区、不可移动文物、历史建筑、非物质文化遗产等全要素在内的保护框架。为塑造“山、江、林、城、田、花、海”并存的城市风貌，广州市大力推动了历史水系的复原，开展了东濠涌整治、荔枝湾涌的“揭盖复涌”等工程，通过城市治水、滨水公共空间、宜居休闲设施和慢行系统等建设，实现历史印记重现，以及周边地区的人居环境品质提升与活力复兴。《广州市国土空间总体规划（2018—2035 年）》草案中进一步提出“持续推动六脉渠等历史水系修复工程”，统筹推动东、西濠涌的全面揭盖复涌、历史印记重现和慢行系统贯通[52]。同时，广州市注重对历史文化资源的活化利用，鼓励利用历史文化资源开发旅游、休闲、娱乐等复合功能，《广州市城市更新实施办法》中明确提出“在城市更新中，对历史文化街区及各类历史文化遗产类建筑应当根据相关法律法规的规定及规划要求进行保护，鼓励合理的功能置换、提升利用与更新活化”。2017 年，广州市进一步以传统街巷、文保单位、历史建筑、专业街、古水系等体现“广州味道”的文化和记忆资源为抓手，在文物和历史建筑集中区域策划建设 7 条“最广州”历史文化步径，打造一批“既能喝凉茶、又能叹咖啡”的优秀文化景点[53]。随后，在《广州市国土空间总体规划（2018—2035 年）》草案中，“最广州”历史文化步径拓展到 9 条。此外，广州还明确提出，微改造要做好历史文化建筑保护。对涉及历史街区、历史风貌区、历史建筑的老旧小区，明确编制改造方案时要按照《广州市历史文化名城保护条例》等规定，严格做好改造范围内历史建筑和文脉肌理的保护[54]。

二是着力开展老旧小区微改造的制度建设。2016 年底，广州市城市更新局印发了《广州市老旧小区微改造实施方案》，其中对广州市老旧小区微改造的总体目标、改造对象、改造内容等作了明确的规定。根据《广州市老旧小区微改造实施方案》，广州市老旧小区微改造的对象为房屋建筑本体、小区公共部分，改造内容分为规定项目（基础完善类）和自选项目（优化提升类），共计 59 项。其中房屋建筑本体共有 30 项，小区公共部分共计 29 项。进入 2018 年以来，广州市先后出台了《广州市老旧小区微改造“三线”整治实施方案和技术指引（试行）》《广州市老旧小区微改造三年（2018—2020）行动计划》《广州市老旧小区微改造设计导则》等政策文件，明确了老旧小区微改造的推进时间表、推进路径，以及老旧小区微改造的规则、标准、技术指引等内容。《广州市老旧小区微改造三年（2018—2020）行动计划》中提出到 2020 年，广州市将重点推进 779 个老旧小区微改造项目。在《广州市老旧小区微改造设计导则》中则将微改造划分为基础板块和提升板块两部分，明确了楼栋设施、建筑修缮、服务设施等 9 大改造类目 60 个设计要素的设计流程、设计要点等内容。

三是鼓励自主更新改造，探索共建、共治、共享的参与式微改造模式。目前，广州市进一步放宽城市更新主体自行改造的范围：一是明确独立分散、未纳入成片连片收储范围以及控制性详细规划为非居住用地（保障性住房除外）的国有土地上的旧厂房可优先申请自行改造；二是科研、教育、医疗、体育机构经市政府批准利用自有土地进行城市更新改造；三是允许自然村作为改造主体申请全面改造。针对微改造，广州市也提出“鼓励社区微改造范围内的居民采取自主配合投入的方式，参与社会微改造”。在微改造过程中，广州市积极借鉴共同缔造的理念，探索以共建、共享、共治的方式推动微改造项目实施。2017 年，深井村在微改造过程中搭建了一个多方协商平台——深井工作坊。2018 年 5 月，泮塘五约共同缔造委员会成立，成为广州市第一个老旧小区微改造共同缔造委员会。随后，恩宁路历史文化街区也成立了共同缔造委员会，先锋社区成立了先锋社区共同缔造工作坊。

（三）典型案例——恩宁路永庆坊

恩宁路是广州市最长和最完整的骑楼老街，恩宁路街道两侧的街区有着浓郁的岭南风情和西关文化特色，蕴藏着丰富的历史文化资源，包括八和会馆、李小龙故居和詹天佑故居等文物古迹，以及连片的西关大屋和竹筒屋等岭南传统民居。

自2006年起，荔湾区政府便筹划推动恩宁路片区的改造规划，然而2006年的《荔湾区恩宁路改造试点规划方案》仍延续了传统的以大拆大建为主的城市更新思路。以大拆大建为主的更新改造方案破坏了恩宁路原有的历史脉络与传统风貌，这一方案受到市民、学者及非政府组织的强烈反对。随后，经过几轮修改，恩宁路改造的规划方案才于2011年9月得以确定[55]。然而，在低容积率的规划、建设总量的控制和历史街区保护的严格要求下，恩宁路更新项目难以获得明显的收益，降低了市场主体参与的积极性，导致恩宁路改造停滞不前[56]。随着《广州市城市更新办法》明确“微改造”的理念，广州市提出以恩宁路永庆坊作为试点，推进微改造更新。

恩宁路永庆坊微改造项目是广州市首个历史街区微改造更新项目。永庆坊紧邻恩宁路主街，背靠粤剧博物馆。街区内部有民国大宅、李小龙祖居和銮兴堂等历史建筑以及传统民居，是一个典型的广州市老城历史街区。在恩宁路永庆坊微改造项目中，被列入修复改造范围的包括永庆大街、永庆一巷、永庆二巷、至宝大街和至宝西一巷，总面积约为7800平方米。永庆坊微改造采取的是“政府主导，企业承办，居民参与”的更新改造模式。其中，政府——荔湾区政府，主要责任是开展招商引资，与开发商、原住民进行沟通协商，主导项目推进；企业——万科集团，主要负责推动地区经济发展。恩宁路永庆坊微改造项目中，居民可以通过多种途径参与地区更新：第一种是在遵循相关规划要求的前提下，居民自行改造住屋；第二种是居民可将物业出租给开发商运营，或自行出租获得收益；第三种是由政府征收，居民获得资金与置换居住空间。

恩宁路永庆坊微改造的主要内容包括方案设计、房屋修缮、立面整饰、街巷修整及业态转变等。在具体实践过程中，永庆坊微改造注重对街区肌理的维持。在总体布局方面，永庆坊微改造保留了原有的“一纵两横”街区格局。其中，“一纵”为永庆大街，微改造以其为主要展示面，布置特色商业；“两横”为永庆一巷和永庆二巷，微改造保留原有历史文化建筑，植入公共建筑及少量商业。

在永庆坊微改造中，主要实施的是对传统建筑的小规模拆建与修补：

第一，荔湾区政府在微改造中置换永庆坊的用地功能，即根据《永庆片区微改造建设导则》和《永庆片区“微改造”社区业态控制导则》等规划，将大部分原居住用地置换成为商业用地、商务用地及公共服务配套设施用地，导入以文化创意为主的新兴产业，包括创意市集、本土文化和建筑设计等。在此基础上，万科集团重点打造了“云”“塾”“社”三个特色空间。“云”，即“万科云”中所有办公、接待和会议空间的主入口；“塾”，即梅沙教育，是供小朋友培养业余爱好的教学空间；“社”，即有特色的户外公共活动场地。

第二，对街区内所有建筑开展了微改造。开发商万科集团将永庆坊片区内的68栋建筑逐一编号，评估并分类其破损程度，为每栋建筑量身定做微改造方案。微改造的具体运作方式为：在基本不改变建筑外部形态的基础上，打通内部墙体，使用玻璃结构间隔，打造宽敞明亮的办公空间。此外，永庆坊项目还推动了建筑外立面修葺。从总体上看，大部分建筑保留了原有的立面样式，对部分建筑在色彩、采光、防护等方面进行了修缮。如在色彩方面，除了部分重点文物保护单位保留原配色，大部分建筑外立面被替换成灰色调的砖块，个别建筑则采用白色金属框立面和外墙进行装饰。同时，为满足商业建筑的室内采光需求，部分商业建筑添置了新型的外凸窗。此外，部分建筑增设了阳台围栏，并铺设了瓦片[57]。

四、深圳

（一）政策演变

深圳市城市更新在20世纪90年代末期至21世纪初期开始出现，初期大多属于因公共配套严重缺乏而由政府主导进行的城市更新和部分业主自行拆除重建更新项目。为了规范城市更新规范合理发展，深圳市于2004年出台《深圳市城中村（旧村）改造暂行办法》，并在2006年按照该办法处理了宝安、龙岗两区2004年10月28日以前自行开展的70个旧城旧村改造项目。随着城市更新活动的快速发展，深圳市于2007年出台了《关于开展城中村（旧村）改造工作有关事项的通知》。2009年，在广东省大力推进“三旧”改造政策的背景下，深圳市于12月即发了深圳市人民政府令第211号《深圳市城市更新办法》，标志着深圳市城市更新进入了规范性发展阶段。为促进《深圳市城市更新办法》实施，规范城市更新活动，建立规范、有序的城市更新长效机制，深圳市政府于2012年制订了《深圳市城市更新办法实施细则》。根据《深圳市城市更新办法》，深圳市的城市更新可分为综合整治类、功能改变类、拆除重建类三种类型，其中综合整治类和功能改变类由于不涉及建筑主体结构的改变，可以被纳入城市微更新的范畴。

2016年11月，深圳市对2009年的《深圳市城市更新办法》进行了修改，在《深圳城市更新“十三五”规划》中，明确提出规划期内非拆除重建类更新用地规模为17.5平方公里，占各类城市更新用地总规模的58.3%。同年12月，深圳市印发了《关于加强和改进城市更新实施工作的暂行措施》，提出与其他各类旧区（旧工业区、旧商业区、城中村及旧屋村等）混杂的零散旧住宅区以及原特区已生效法定图则范围内、拆除范围用地面积不足10000平方米但不小于3000平方米的小地块只要符合一定的条件就可申请纳入城市更新的范畴。2019年，深圳市规划和自然资源局公布了《关于深入推进城市更新工作促进城市高质量发展的若干措施》，进一步推动了城市更新理念的转变。第一，重视城市历史文脉传承，在这一政策文件中，深圳市提出加强历史文化保护专项或专题研究，针对历史建筑和历史风貌区，鼓励在保护的基础上，开展活化研究；第二，大力鼓励旧工业区综合整治，一方面，对开展综合整治的旧工业区，允许增加面积不超过现状建筑面积15%的电梯、连廊、楼梯、配电房等辅助性公用设施，另一方面，允许旧工业区通过重新划分空间适度增加满足基本需求的研发办公、配套商业功能；第三，推动城中村更多地采用微改造方式进行有机更新。深圳市将城中村综合整治进一步细分为三类，即城中村综合治理、增加辅助性公用设施或现状建筑功能改变、综合整治类更新。随后，深圳市规划和自然资源局还公布了《深圳市城中村（旧村）综合整治总体规划（2019—2025）》，划定了综合整治分区，并提出“综合整治分区范围内的用地不得纳入拆除重建类城市更新单元计划、土地整备计划及棚户区改造计划”。

（二）主要做法

一是建立、健全了以城中村综合整治分区为主的管控机制。根据深圳市出台的《深圳市城中村（旧村）综合整治总体规划（2019—2025）》，深圳市以城中村的居住用地为对象，划定了范围约99平方公里的综合整治分区，提出综合整治分区内的用地要开展“以综合整治为主，融合辅助性设施加建、功能改变、局部拆建等方式的城中村更新”。深圳市对城中村综合整治分区实施弹性管理，提出在“总量指标不减少，功能布局更合理”的原则上，“各区可按年度对综合整治分区空间范围进行调整”。在综合整治分区空间范围调整的过程中，各区要制定占补平衡方案，论证调整的必要性、可行性，并详细阐述调入及调出地块的用地规模、空间范围、现状建设情况、规划情况等具体内容。

二是鼓励开展城中村住房规模化统租改造。2017年8月，深圳市发布《深圳市关于加快培育和发展住房租赁市场的实施意见》，提出“引导‘城中村’通过综合整治开展规模化租赁”，并规定各区至少要组织开展一项“城中村”规模化租赁试点工作。《深圳市城中村（旧村）综合整治总体规划（2019—2025）》进一步提出“引导城中村存量房屋开展规模化租赁业务”，并提出满足条件的改造项目可纳入政策性住房保障体系。

（三）典型案例——水围村

深圳市水围村共35栋统建农民楼，楼宇间距2.5 ~ 4.0米，空间狭窄，是标准的“握手楼”，基本没有室外公共活动和绿化空间。每栋建筑为7层，一 ~ 二层为商业，三层以上为住宅，无电梯。由于建设缺乏管控且市政设施与后期物业缺位，现状空间“脏乱差”，存在消防安全隐患。2017年，福田区住建局结合福田人才住房建设需要，联合深业集团与水围股份公司，对水围新村共29栋居民统建楼进行整租，并升级改造为504套优质的青年人才公寓。具体模式为深业集团统一向水围股份公司承租村民楼，结合青年人才需求量身定制改造和运营方案，村民楼经改造后出租给福田区政府作为人才公寓使用。改造设计保持了原有的城市肌理、建筑结构及城中村特色的空间尺度，提升消防、市政配套设施并配备电梯，使其成为符合现代标准的宜居空间。

项目根据每栋楼现有套型条件，通过设计简化及调整。在此基础上，主要从交通流线优化、公共空间营造两方面进行改造。

一是交通流线优化。将楼宇间的街巷分为商业街和小横街，并将所有住户入口整合为9个庭院，形成商业及住户流线互不干扰的格局。整个社区没有围墙，与村里的商业街、古井遗迹、市集脉脉相连，是完全开放的社区。在楼宇间选择合适位置架设电梯和钢结构连廊。电梯共7座，每座入口处均设置电梯庭院，形成公寓入口。空中连廊和室内连廊相互串联，形成三维立体交通，连接电梯庭院、住户、青年之家和屋顶花园，形成四通八达的交通网络。

二是公共空间营造。水围村柠盟人才公寓公共空间包括空中连廊、屋顶花园和青年之家3类。其中，空中连廊不仅具有交通功能，而且是重要的公共空间，为居民提供休憩、交流的场所，营造出立体的生活街区。屋顶花园共计29个屋顶，根据各自所在楼宇的色系安排形成色彩缤纷的屋顶空间，包括洗衣房、菜园和休憩花园，为拥挤的城中村提供宽敞的室外空间。青年之家位于五层，该空间通过钢结构连接2栋“握手楼”，以环状串联的形式布置7种不同功能，包括阅读室、茶室、多功能厅、社区厨房、社区餐厅、健身房及天井庭院[58]。

第二篇

乡村振兴：
乡村发展的新路径

第五章　我国乡村振兴的缘起

第一节　我国乡村转型发展

一、改革开放以来我国乡村的转型发展

改革开放以来，随着社会经济迅猛发展，我国城镇化进程快速推进，乡村地区在农业生产、土地利用和农民生活等方面均经历了一个剧烈变动的转型过程。

（一）伴随着城镇化进程的推进，我国乡村农业剩余人口不断向第二、三产业转移

改革开放之初到20世纪90年代，我国乡村人口规模在8亿人左右。进入21世纪以来，我国乡村人口数量不断减少，特别是2010年以后，随着我国城镇化率突破50%，大力推进新型城镇化建设，着力放宽城镇落户限制，乡村人口加速向城镇转移。2017年，我国乡村人口数量仅5.77亿人，较2010年减少了0.94亿人。从乡村人口就业上来看，1978年我国乡村就业人员为3.06亿人。改革开放之初，我国鼓励乡镇工业化发展，乡村就业人员在1997年达到4.90亿人的历史高点。随着市场经济的发展，以及我国城乡发展重点转向城市，农村剩余劳动力不断进城就业，农民工数量巨大。2018年我国农民工达2.88亿人，其中，到乡外就业的农民工达1.73亿人，乡村就业人员规模也逐渐回落到3.42亿人。与此同时，我国乡村就业结构也不断向“非农化”转变，1978年，我国乡村就业人员中从事第一产业的人员数量达2.83亿人，占乡村就业人员的比重达92.4%。2017年，我国乡村地区的第一产业从业人员仅2.09亿人，占乡村就业人口的比重不足60%（为59.5%）（见图5-1、图5-2）。

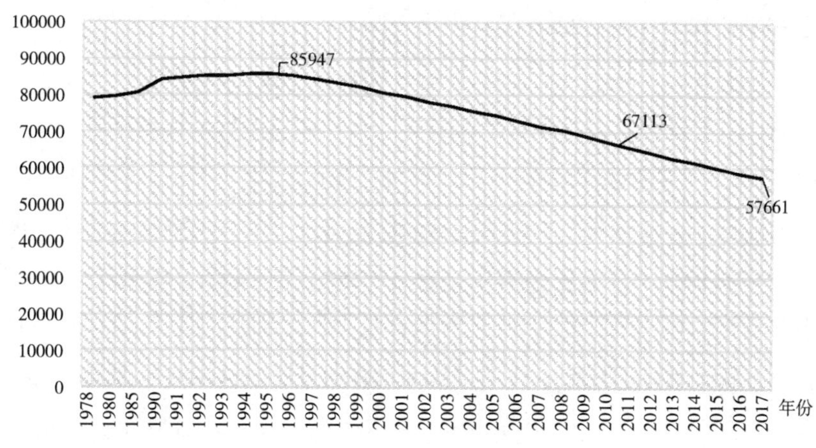

图 5-1　改革开放以来我国乡村地区人口规模变化

（资料来源 :《中国农村统计年鉴 2018》）

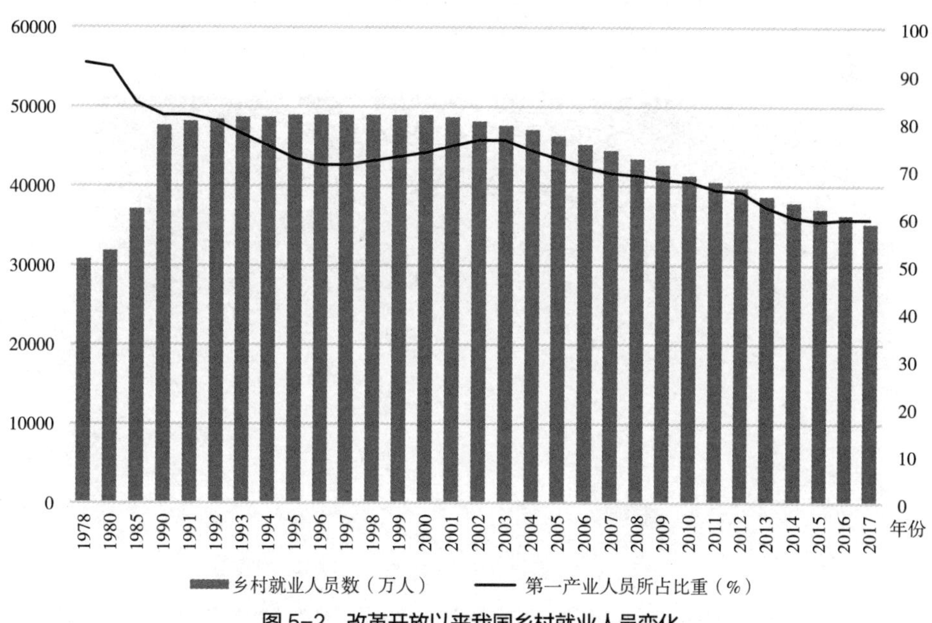

图 5-2　改革开放以来我国乡村就业人员变化

（资料来源 :《中国农村统计年鉴 2018》）

（二）农业现代化程度不断提高，农业生产方式发生显著变化

改革开放以来，我国农业产业规模不断扩大，农林牧渔业总产值由 1978 年的 1397 亿元增加到 2018 年的 113580 亿元。与此同时，我国农业的产业结构也实现了由单一以种植业为主的传统农业向农林牧渔业全面发展的现代农业转变。改革开放之初，我国农业在农林牧渔业中占主导地位，1978 年，农林牧渔业总产值中，农业的占比达到了 80.0%。随着我国城乡居民收入水平的提高，对畜禽和水产品的消费刚性增长，

推动牧业和渔业快速发展。2018 年，牧业产值占农林牧渔业总产值的比重达 26.6%，较 1978 年提高 11.6 个百分点；渔业产业占农林牧渔业总产值的比重达 11.3%，较 1978 年提高 9.7 个百分点；而农业产值占农林牧渔业总产值的比重下降为 57.1%，比 1978 年下降 22.9 个百分点（见图 5-3）。此外，在产业跨界融合、居民休闲体验需求日益增加的背景下，随着我国乡村地区基础设施改善与信息化建设的推进，我国各地不断涌现出设施农业、观光休闲农业、农产品电商等新业态、新模式。2018 年全国休闲农业和乡村旅游接待游客约 30 亿人次，营业收入超过 8000 亿元。大数据、物联网、云计算、移动互联网等新一代信息技术向农业、农村领域快速延伸，农村电子商务迅速发展。据阿里巴巴统计，2017 年，全国淘宝村数量达 2118 个。根据电子商务研究中心监测数据，我国农村网络零售的规模不断扩大，农村网络零售额由 2014 年的 1800 亿元扩大到 2017 年的 12448.8 亿元，占全网网络零售的比重由 2014 年的 6% 提高到 2017 年的 17.4%。

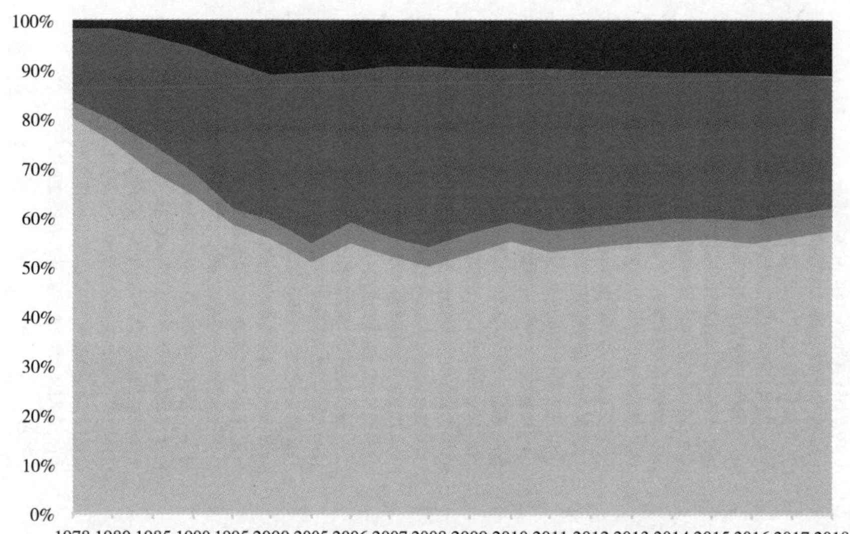

图 5-3 改革开放以来我国农林牧渔业内部结构变化

（资料来源：《中国统计年鉴 2018》）

在传统农业不断向现代农业转型的同时，我国农业生产方式也随之转变。一是农业机械化程度提高，农业科技创新步伐加快。2018 年，我国农业机械总动力达到 10.0 亿千瓦，主要农作物耕种收综合机械化率超过 67%，其中主要粮食作物耕种收综合机械化率超过 80%。科技在农业生产中的作用日益增强，2018 年我国农业科技进步贡献率达到 58.3%，比 2005 年提高了 10.3 个百分点。二是农业规模化经营加快发展。

2016 年第三次全国农业普查结果显示，耕地规模化耕种面积占全部实际耕地耕种面积的比重为 28.6%。规模化生猪养殖存栏占比为 62.9%，规模化家禽养殖存栏占比达到 73.9%。伴随着我国农业适度规模经营加快发展，农民合作社、家庭农场、龙头企业等各类新型经营主体大量涌现。据统计，2018 年农业产业化龙头企业有 8.7 万家，在工商部门登记注册的农民合作社有 217 万个，家庭农场有 60 万个。

（三）乡村基础设施和公共服务设施逐步完善，农村人居环境明显改善

改革开放以来，农村基础设施建设不断加强，公共服务体系逐步完善。一是交通设施建设成效明显。据交通运输部统计，全国农村公路总里程由 1978 年的 59.6 万公里增加到 2018 年的 404 万公里。截至 2018 年底，99.6% 的乡镇、99.5% 的建制村通了硬化路，99.1% 的乡镇、96.5% 的建制村通了客车，建好、管好、护好、运营好的“四好”农村路长效机制正在形成。二是我国乡村地区的信息化进程不断加快。截止到 2018 年 12 月，我国乡村地区互联网普及率为 38.4%，农村网民规模为 2.22 亿人。三是乡村地区的基本公共服务水平进一步提高。第三次全国农业普查结果显示:2016 年末，全国有幼儿园、托儿所的村占全部村的比重达 32.3%，较十年前提高 2.2 个百分点；全国有体育健身场所的村占全部村的比重是 59.2%，比十年前提高 48.5 个百分点。

与此同时，党的十八大以来，各地牢固树立“绿水青山就是金山银山”的理念，积极开展农村环境整治，推进美丽宜居乡村建设。一方面，建立健全符合农村实际、方式多样的生活垃圾收运处置体系，推广低成本、低能耗、易维护、高效率的污水处理技术，推动城镇污水管网向周边村庄延伸覆盖。农业普查结果显示，90.8% 的乡镇生活垃圾集中处理或部分集中处理，73.9% 的村生活垃圾集中处理或部分集中处理，17.4% 的村生活污水集中处理或部分集中处理。另一方面，加快推进农村“厕所革命”，改善乡村地区的基本卫生条件。根据《中国农村统计年鉴 2018》，2017 年，我国乡村地区累计使用卫生厕所户数达 21700.6 万户，乡村地区卫生厕所普及率达 81.7%，较 2000 年提高了 36.9 个百分点（见图 5–4）。此外，根据 2016 年第三次全国农业普查结果，47.7% 的农户饮用经过净化处理的自来水，61.9% 的村内主要道路有路灯[59]。

二、当前我国乡村发展中存在的问题

改革开放以来，尽管我国农村农业取得了重大进步，但随着工业化、城镇化的推进，大量农业人口向外转移，我国乡村发展也产生了农业生产要素非农化、人口老弱化、空心村、环境污损化、公共设施短缺等一系列发展问题[60]，具体表现在以下几个方面。

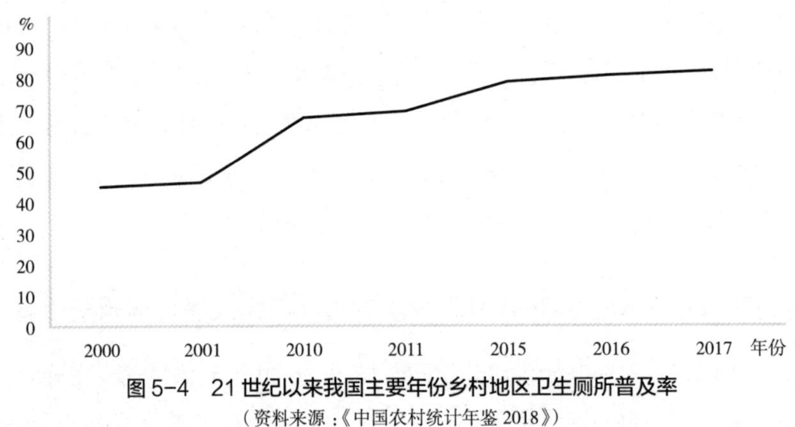

图 5-4 21 世纪以来我国主要年份乡村地区卫生厕所普及率

（资料来源：《中国农村统计年鉴 2018》）

（一）乡村空心化加剧

随着乡村人口的向外迁移，我国村庄不断消亡，根据《2017 年城乡建设统计年鉴》，1990 年以来，我国村庄数量不断减少，由 1990 年的 377.3 万个下降到 2017 年的 244.9 万个，平均每年有 4.9 万个村庄消失（见图 5-5）。在此背景下，我国乡村空心化问题严峻。一方面，乡村地区的土地空废化问题严峻。农村人口非农化引起的“人走屋空”现象普遍，同时，乡村地区宅基地普遍“建新不拆旧”，造成原有宅基地闲置废弃状况加剧。据刘彦随等人的调查测算，全国空心村综合整治潜力达 1.14 亿亩[61]。另一方面，在城市市场的巨大吸附作用下，大量乡村人口向城镇转移，而乡村流出人口以青壮年劳动力为主，伴随着乡村人口数量下降，我国乡村地区的留守老人、留守妇女、留守儿童的规模与占比也随之增加，农村社会主体日益老弱化。根据民政部测算数据，2015 年全国农村留守老人、留守妇女、留守儿童的数量分别为 5000 万、4700 万、6000 万。此外，乡村人口流出和居民点建设用地的空废化也造成了乡村地区基础设施和公共服务逐步空心化。以教育设施为例，当前，我国乡村地区出现中小学校的大规模撤并现象。我国乡村地区小学学校数量由 1995 年的 55.9 万所减少到 2017 年的 9.6 万所，初中学校数由 1995 年的 4.56 万所减少到 2017 年的 1.53 万所，高中学校数由 1995 年的 3112 所减少到 2017 年的 675 所（见表 5-1）。

不同时期我国乡村地区中小学校数量　表5-1

	单位	1995年	2000年	2013年	2014年	2015年	2016年	2017年
高中	所	3112	2629	708	667	668	652	675
初中	所	45626	39313	18485	17707	16991	16171	15288
小学	万所	55.9	44	14	12.9	11.8	10.6	9.6

（资料来源：《中国农村统计年鉴 2018》）

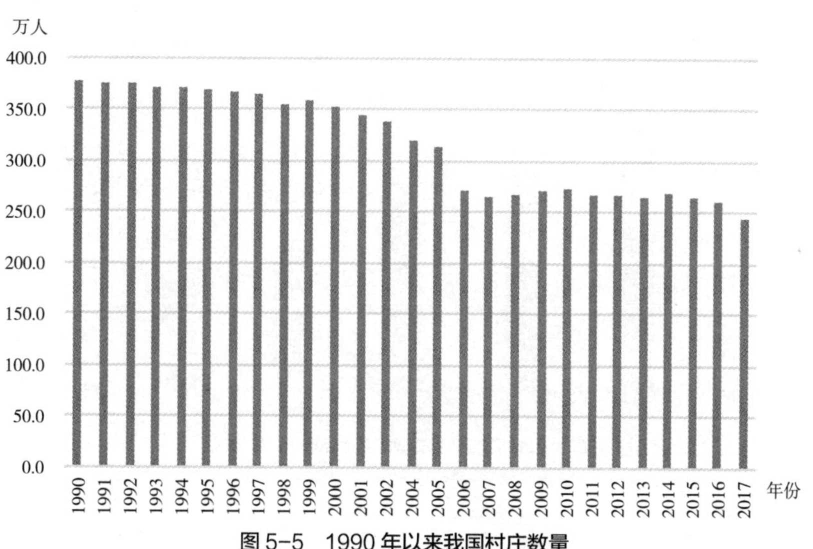

图 5-5　1990 年以来我国村庄数量

（资料来源：《2017 年城乡建设统计年鉴》）
注：2003 年的数据缺失

（二）农地过度“非农化”造成农村人地关系紧张

随着农村人口迅速向城镇转移，我国乡村地区发展面临的一个严峻的问题是农地“非农化”的问题，具体表现为建设用地侵占耕地、耕地被撂荒现象明显。改革开放之初到 20 世纪 90 年代末，我国鼓励和支持发展乡镇企业，符合条件的农地可以转变为集体建设用地。根据旧《土地管理法》，农村土地可以通过三种方式用于非农建设：第一，只要符合乡（镇）村建设规划，得到县级人民政府审批，就可以从事“农村居民住宅建设，乡（镇）村企业建设，乡（镇）村公共设施、公益事业建设等乡（镇）村建设”；第二，全民所有制企业、城市集体所有制企业同农业集体经济组织共同投资兴办联营企业，需要使用集体所有土地时，“可以按照国家建设征用土地的规定实行征用，也可以由农业集体经济组织按照协议将土地的使用权作为联营条件”；第三，城镇非农业户口居民经县级人民政府批准后，可以使用集体所有的土地建住宅。在此背景下，我国乡村工业化进程快速推进，大量耕地转变为建设用地，用于开展工业建设。尽管 1998 年以后，我国农村集体用地必须经过征用以后才可以用于非农建设，但由于城镇化用地需求加大，加上征地制度不规范、农村土地产权不完善，我国仍有大量的耕地转变为建设用地。根据《2016 中国国土资源公报》，我国耕地面积由 2011 年的 13523.86 万公顷减少到 2015 年的 13499.87 万公顷，共计减少了 23.99 万公顷（见图 5-6）。2015 年，全国因建设占用、灾毁、生态退耕、农业结构调整等原因减少耕地面积 30.17 万公顷（见图 5-7）。耕地规模的持续减少加剧了我国经济增长与粮食安全保障之间的矛盾。同时，为保障国家粮食安全，我国划定了 18 亿亩耕地红线，并逐步

图 5-6 2011~2015 年全国耕地面积变化情况

（资料来源：《2016 中国国土资源公报》）

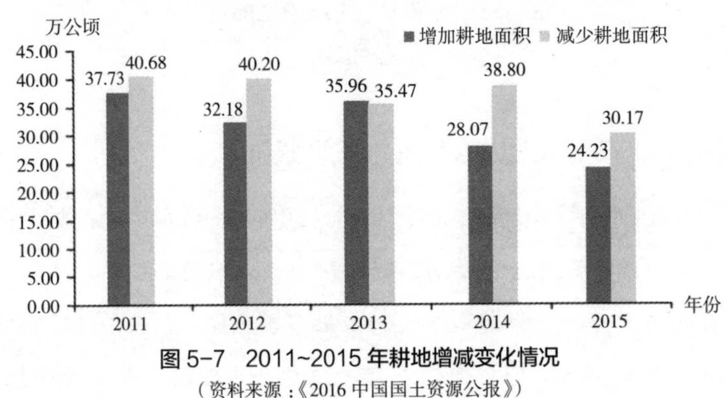

图 5-7 2011~2015 年耕地增减变化情况

（资料来源：《2016 中国国土资源公报》）

实施耕地占补平衡、城乡建设用地增减挂钩等土地制度，但实施过程中仍存在占优补劣、重数量轻质量和忽视农民利益的问题，耕地资源数量、质量的保护仍相对滞后[61]。

我国建设用地对耕地的侵占还体现在乡村地区宅基地管理失控。随着城镇化进程的加快，农村地区尤其是沿海地区建设用地十分紧张。城镇化带来宅基地价值的显化，集体内农民或为获得财产收入变卖、出租宅基地，集体外的居民或迫于城市高房价压力，或为了到农村寻求另一种生活方式，纷纷租或变相购买农民宅基地（房）。由于宅基地使用现状与法律严重冲突，政府对宅基地使用的管理基本处于缺位状态，规划和用途管制无法实施。在政府管制缺位下，农民私自盖房，造成宅基地呈现出无序扩张和蔓延的态势[62]。尽管我国乡村人口、村庄数量均在减少，但我国乡村地区的住宅面积“不减反增”。1990 年以来，我国乡村地区年末实有住宅建筑面积和人均住宅建筑面积均在持续上涨。其中，年末实有住宅建筑面积由 1990 年的 159.3 亿平方米增加到 2017 年的 246.2 亿平方米，而农村人均住宅建筑面积则由 1990 年的 20.3 平方米增加到 32.6 平方米（见图 5-8）。

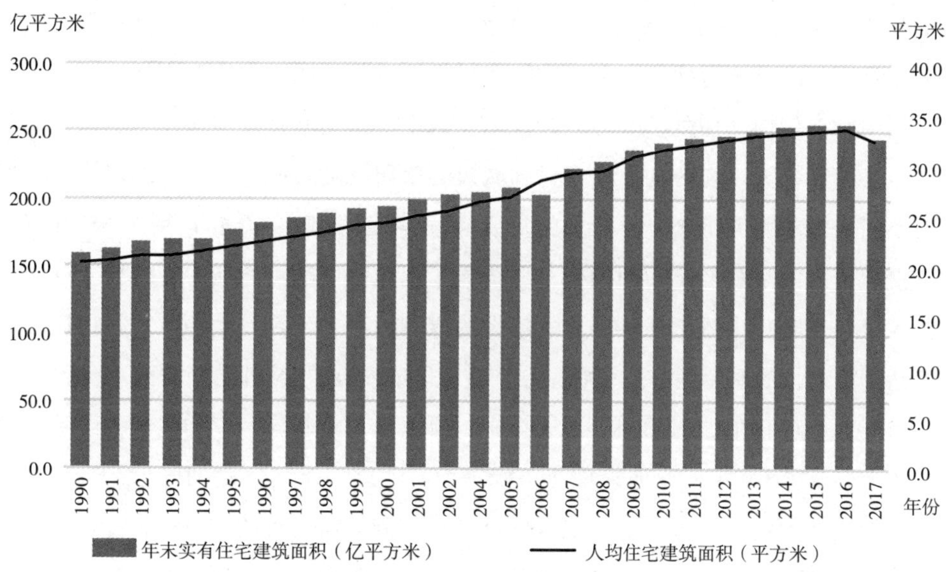

图 5-8　1990 年以来我国乡村地区年末实有住宅建筑面积和人均住宅建筑面积

注：2003 年的数据缺失

（资料来源：《2017 年城乡建设统计年鉴》）

（三）制度因素制约了乡村地区的发展

在影响农村发展的制度因素中，土地制度是最为重要的一项安排。改革之初到 1998 年《土地管理法》修订前，农地转为集体建设用地的通道一直是敞开的。自 1992 年开始，国家对集体建设用地的政策发生转变，集体土地必须先征为国有出让才能作为建设用地；集体土地作价入股兴办联营企业的，其土地股份不得转让。1998 年出台的修订后的《土地管理法》明确规定“农民集体所有的土地的使用权不得出让、转让或者出租用于非农业建设”，保留“农村集体经济组织以土地使用权入股、联营等形式与其他单位、个人共同举办企业”，从法律上限制了农地向非农集体建设用地转变。1999 年出台的一项规定要求“乡镇企业用地要严格限制在土地利用总体规划确定的城市和村庄、集镇建设用地范围内”。自那以后，加上乡镇企业改制和建设用地年度指标管制的加强，农村集体建设用地在大多数地区合法进入市场的通道基本关闭。直到 2004 年对农村集体建设用地使用的规定才发生一些变化，该年发布的 28 号文“鼓励农民建设用地整理，城镇建设用地增加要与农村建设用地减少挂钩。在符合规划的前提下，村庄、集镇、建制镇中的农民集体所有建设用地使用权可以依法流转”。2006 年的国务院 31 号文也允许在“符合规划并严格限定在依法取得的建设用地范围内，农民集体所有建设用地使用权流转”。在集体建设用地转用通道关闭后，征地转用更是成为唯一的合法土地转用方式。1998 版《土地管理法》沿袭了征地公共利益原则、城乡分治格局和原用途补偿。现行土地配置制度①是一套高效保证和促进土地向城市转换的组合，它将乡村用地权力关闭，形成城市用地通道。土地使用的城市偏向又加剧了劳动力和资本往城市的单向配置。在城乡格局从单向转向城乡互动后，人口和劳动力从乡村到城镇的单向流动转向城乡之间的对流，城里人对乡村的需求上升带来乡村产业的复活与发展，进而吸引资本下乡。人口和资本配置变化带来的乡村经济活动的变革，凸显了土地制度的不适应。在现行土地制度安排下，农民利用集体土地从事非农建设的权利被剥夺，导致大多数乡村地区非农经济活动萎缩，农村产业单一，农民在乡村地区的发展机会受阻。

其中，在中国的农村几项土地安排中，可以说，宅基地制度的缺陷与改革滞后最为明显。在 2019 年《土地管理法》修订前，我国宅基地制度的安排是：宅基地所有权归集体所有，集体经济组织可以分配和控制集体所有的宅基地，并拥有从集体建设用地获取收益的权利。农户可以从集体处无偿取得宅基地的使用权，依法拥有宅基地占有权和使用权，可以在宅基地修建农民住房和晒坝等附属设施，但是一户宅基地不允许出租、转让和买卖、出卖出租房屋后不得再申请。可见，我国乡村宅基地的获得与分配是受到限制的，宅基地使用权在一定程度上体现为成员资格权，申请和获得宅基地使用权的前提是申请者具有集体经济组织成员资格。同时，拥有资格权的申请者，可以无偿获得无限期使用的宅基地使用权。此外，农户拥有房屋的所有权，但因宅基地使用权权能残缺并且房地不可分割，房屋所有权权能实现也受到影响[62]。

此外，城乡二元的户籍制度也使得农民的进城通道受限，进城农民的城市权利被忽视。从 1949 年到 20 世纪 50 年代中期，自由迁徙权是受到法律保障的，1954 年《宪法》规定："中华人民共和国公民有居住和迁徙的自由"。"一五"计划时期大量农民纷纷涌入城市，导致城市就业压力和粮食供应紧张，加上城市管理体制毫无准备，这些人口被政府视为盲目流动人口，国家采取紧缩城市人口政策，每隔几年就要求各地政府清理城市流动人口，特别是城市企业在计划外招录的农村劳动力。随后，我国以户籍制度为基础，建立起一套城乡区别对待的社会制度，严格限制农民进入城市。在计划经济条件下，我国实行农村户口向城市户口迁移的条件审批准入制，农民迁移进城的主要途径是招工、招兵、上学、亲属投靠及其他临时性政策性通道。可以说，改革开放前期，我国的城市大门基本对农民关闭，农民被排斥在工业化城镇化进程之外，城市与乡村是两个互相隔绝的板块。

---

① 包括农地转用一律实行征收、建设用地只能使用国有土地；土地用途、规划、年度计划指标和所有制管制；城市政府独家供应土地。

1978年，我国率先在乡村地区开启了改革开放进程，解放了农村的发展权利，农村土地改革、市场化改革，使得乡村工业化快速发展。乡村工业化开放了农民在农村地区参与工业化的权利，农村的分工分业带来农民的就业与收入对农业的依赖性降低[63]。但是，这一时期，我国的城市管理体制改革没有启动，无论是乡村工业化还是农民自主城镇化，仍然被圈在本乡本土，农村户口迁往城市的门槛仍然很高，城市居民享有的住房、医疗、养老、教育等公共服务仍然与农村居民无缘。到20世纪90年代中期以后，工业化快速发展和大规模的城镇建设产生了大量的劳动力需求，众多中西部地区的农民通过跨区域流动进入城市，并参与沿海地区的工业化城镇化进程。然而，尽管农民为我国城镇建设作出了重大贡献，但城市的权利依然只赋予本地市民，为经济社会发展作出巨大贡献的农民工群体没有享受到与市民同等的基本权利和公共服务，如在子女教育方面，20%以上的农民工子女无法入读全日制公办中小学校。在住房保障方面，城市保障性住房基本不对农民工开放，农民工公积金缴存率也很低[62]。

三、小结

改革开放40年以来，我国城镇化以前所未有的速度推进，在此过程中，城市表现出强大的极化效应，使乡村地区大量的劳动力、资本、土地等要素不断向城市迁移。尽管农村劳动力从农业向非农产业转移和其中一部分人口向城镇流动是一个众所周知的、无可非议的历史过程，但在我国城乡二元的特殊制度下，快速的城镇化进程导致了双重结果：一方面是大量农村人口进入城镇就业和居住，使得城市以空前的速度、规模和效率不断扩张，而进城农民却无法充分地享受到城镇福利；另一方面，农村资源或要素“过度”流出，也使大量农村地区的村庄和中小市镇可持续发展所必要的人力、物力、财力和聚集力减弱；加之以为追求“效率”而撤并行政乡村及其中的义务教育、医疗卫生、生活服务等各种为基层服务的机构设施，就更加速了较低龄原住人口的流失。

然而，在此过程中，我国城市对乡村的要素输出和扩散作用却比较微弱，这种近乎单向的流动体制和模式造成部分乡村地区的衰败。面对乡村衰败，我们必须认识到城市和乡村是一个命运共同体，城市需要多功能农业的产品供给，需要广大乡村绿色空间的生态支撑，需要有从事农业、守护生态的职业工作者，也需要其为城市留住“乡愁”，留住“绿水青山”。为扭转乡村衰败，必须通过激发乡村内在活力来重塑城乡关系，促进城乡融合发展[64]。

第二节　乡村振兴的理论基础

一、人地关系地域系统理论

人地关系地域系统理论是由我国杰出地理学家吴传钧院士提出的，他认为人地系统是由地理环境和人类活动两个子系统交错构成的复杂的开放的巨系统，也是人与地在特定的地域中相互联系、相互作用而形成的一种动态结构。人地关系地域系统理论强调人与自然环境之间存在着多种直接反馈的作用，并密切交织在一起。一方面，自然环境会对人类活动产生促进和抑制作用，自然资源对人类活动有促进作用，而自然灾害对人类活动有抑制作用。另一方面，人类活动将通过投入可控资源、治理自然灾害、开发不可控资源等方式改变自然生态系统[65]（见图 5-9）。人地关系地域系统理论以协调人地关系、促进人地关系地域系统的优化为中心研究目标，强调研究生产布局地域体系的形成过程和规律必须探究自然、技术、社会、经济、历史等条件（因素）的作用，并提出人地系统研究要落实到地区综合发展上。按照人地关系地域系统理论的思想，区域发展的研究内容可概括为三个方面：第一，研究不同尺度空间的区域内部发展问题，包括区域社会经济发展过程及其与资源环境的协调关系（A 或 B 区域）；第二，相同尺度空间的不同区域间的差异性规律及其相互作用规律（A 与 B 区域）；第三，不同空间的基本格局与尺度转换过程中的相关问题（C 区域）。基于人地关系地域系统理论的区域发展研究既强调社会经济系统与资源环境系统的综合，也强调社会经济系统内部传统因素与新因素的综合[66]（见图 5-10）。

依据人地关系地域系统理论，城市和乡村空间也是一个复杂的地域系统。在我国推动城乡融合和和乡村振兴的背景下，城乡地域系统研究的主要内容可概括为两个系统。

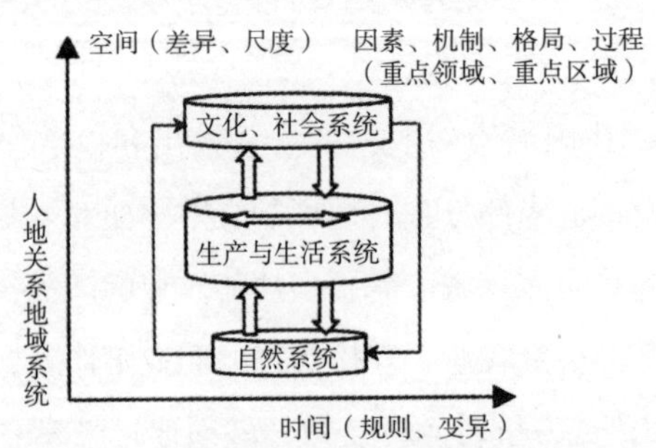

图 5-9　人地关系地域系统理论研究的基本架构

（资料来源：樊杰《“人地关系地域系统”学术思想与经济地理学》）

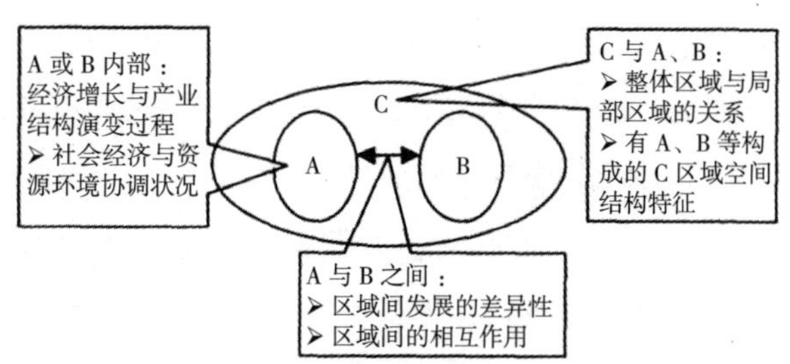

图 5-10　基于人地关系地域系统理论框架的区域发展研究基本范畴

（资料来源：樊杰《"人地关系地域系统"学术思想与经济地理学》）

一是城乡融合系统。城市和乡村都是由人口、土地、产业、基础设施等要素构成的，不同要素的多种组合形成了城乡地域经济、政治、社会、文化等活动。城市和乡村共同构成一个彼此开放、相互耦合的地域综合体，城乡要素在城乡地域系统之间流动，会导致要素本身以及组合关系的变化，进而推动城乡地域发展和演变。要素在城乡地域系统之间流动，使得城乡之间产生生产、消费、行政、社会等方面的联系[67]。城乡融合体就是由城镇地域系统和乡村地域系统相互交叉、渗透、融合而成的一个城乡交错系统。

二是乡村地域系统。相对于"城"而言，"乡"是一个区域，包括城市建成区之外的广大乡土地域。"村"是一种空间聚落形态，是一个包含中心镇、集镇、中心村（社区）、行政村及自然村等不同规模和等级水平的多层次聚落空间。乡村地域系统是由人文、经济、资源与环境相互联系、相互作用下构成的、具有一定结构、功能和区际联系的乡村空间体系，具有复杂性、综合性、动态性、开放性特点[68]。

人地关系地域系统理论有助于加深我们对城乡格局、乡村空间演化的过程、机理等方面的理解，可为我国城乡融合和乡村振兴战略提供全局的系统思维，有助于全面认知当前乡村发展和城乡失衡问题，以及城乡融合发展的格局、过程、机理与演变趋势，是制定全面、系统、长远的城乡融合和乡村振兴政策框架的理论依据[69]。

二、城乡等值化理论

城乡等值化的概念起源于第二次世界大战以后赛德尔基金在德国巴伐利亚州展开的城乡等值化实验。该模式主要是通过土地整理、村庄革新等方式，缩小城乡差距，使农村经济与城市经济得以平衡发展，进而实现"在农村生活，并不代表可以降低生活质量"的目的，减少农村人口向大城市的涌入。随后，城乡等值化在欧洲地区得到普遍应用，从 1990 年起成为欧盟农村政策的方向。

城乡等值化的核心内涵是“不同类但等值”。“不同类”既包括城乡的形态、规模、产业、景观的不同类，也包括城乡的发展目标、生产和生活方式的不同类；“等值”则是指城乡居民劳动强度、工作条件、就业机会、收入水平、居住环境、社会保障和生活便利程度等方面的等值。也就是说，“城乡等值”并不是所谓的城乡等同，也不是消灭城市或乡村，而在承认城乡社会形态、生产和生活方式等方面存在差别的前提下，通过土地整理、功能区划分、公共服务改善等方式，缩小城乡生产和生活差距，使城乡居民享有同等水平的生活条件、社会福利和生活质量[70]。

城乡等值化是统筹城乡发展的一种新理念、新机制，其内涵在于通过统一策划城乡发展，实现城乡二元结构逐步向现代化社会经济结构转变，建立平等的城乡合作伙伴关系，促进城乡在经济社会文化观念、资源环境、空间布局上整体协调、融合，达到城乡共同繁荣的目的和过程[71]。

三、分享空间理论

分享空间理论是由发展经济学中“依附论”学派的代表人物米尔顿·桑托斯基于欠发达国家城市化发展所提出的，该理论对研究广大第三世界国家城市经济发展与城镇化过程具有一定的借鉴意义。桑托斯将“现代化”看成创新从核心地区向外围地区的扩散过程，或者是从先前的历史时期向后来的历史时期的扩散过程，他还认为这两种过程可以同时进行。该理论认为 21 世纪的“现代化”过程造成欠发达国家城市经济的“分享空间”结构，即欠发达国家的城市或区域经济并不是一个完整的整体，而是由高级循环和低级循环构造而成的。其中，高级循环主要由资本密集型制造业、金融业、贸易与出口品生产部门、现代城市产业部门、批发和交通运输部门等组成；低级循环主要由非资本密集型制造业部门、商品零售等非现代服务部门、非现代的小额贸易等经济部门所组成。

分享空间理论认为，由于欠发达国家城市中的高级循环产业大多数被跨国公司所控制且具有垄断特征，它们所追求的是高额利润，故它们的投资从来不考虑欠发达国家的工业化需求。同时，分享空间理论将欠发达国家的高级循环产业为两大类型：一种是以满足国内市场为主，通过进口替代工业化过程而得到发展；另一种类型是以满足国外市场为主，通过对当地资源的初级加工，或通过消费品的制造而获得发展。在不同类型的城市中心，每种高级循环产业均有其独特的分布模式。桑托斯还认为，建立在欠发达国家大都市之外的工业从事外向型生产的可能性比较大，而从事内向型生产的可能性比较小。因为外向型工业以满足国外市场为主，不需要任何特定规模的本地市场，可以由生产出口产品的大公司包揽，使得外向型工业的选址较为灵活，甚至能以财政补贴和建立工业基地等方式将其吸引到贫困地区。在外向型工业投资的影响下，城市的发展普遍带有“飞地”的特征。因为这类工业无论从要素投入的供给方面还是产出产品的需求方面来看，都是由国外决定的，与本地生产和消费的联系较少。内向型工业则趋向于集中分布在大都市之中，这是由于大都市在市场规模、国际化程度、基础设施的建设以及信息获取等方面均具有明显的区位优势，而中间城市和地方城镇由于其市场有限而没有足够的潜力来支持这些高级循环产业的大量发展。为此，随着运输条件的改善，大都市的区位优势得到强化，从而使得地区经济差异进一步扩大[72]。

高级循环中的产业部门具有技术水平高和资本密集两大特征，故它所提供的本地劳动力的就业机会小，无法解决大量劳动力的就业。因此，欠发达国家大量的城市人口必然在低级循环中寻找就业机会。因为大量的劳动力分摊了有限的低级循环的产业活动，故人均收入水平低，人均资本积累水平也就很低。因此，尽管产业活动持续着，但其不是积累财富而是积累贫困。高级循环和低级循环可以归纳为相互补充和相互竞争的关系。当一种循环活动所需的投入来自另一种循环时，或者当一种循环的某种活动为另一种循环带来外部经济效果时，两者之间呈现出互补性；而当两种循环为夺取同一市场而采取行动时，两者之间的关系则主要表现为竞争性。但不管在哪种情况之下，高级循环活动总是趋向于统治整个经济，而低级循环则趋向于处于被控制的附属地位[72]。

从空间上来看，低级循环产业活动在城市及其毗邻地区寻找合作伙伴，而高级循环产业活动则在城市与所在地之外去寻找合作伙伴。因此，高级循环产业活动的影响范围在空间上是不连续的，在城市等级结构中以从上到下的垂直联系为主，即商品往往从大城市、中等城市到小城镇的方向流动，依靠高一级的城市来提供低一级的城市无法生产的商品；低级循环产业活动的影响范围在空间上是连续的，且以横向联系为主，它承担了城镇与广大乡村之间的经济联系。但在低级循环中，这种横向经济联系并不能保证农民从城市经济增长中得到好处，因为农民通常都是弱势群体，不管出售他们生产的粮食还是购买城市生产的商品都处于不利的位置，广大乡村地区居民的收入水平趋于下降。这就导致农村购买力下降，进而限制了中小城镇的发展潜能，导致低级循环链条的进一步萎缩，促使乡村居民进一步向城市的转移。这种人口转移又使得在低级循环中寻找就业机会的人数剧增，这进一步限制了大量劳动力收入水平的提升和低级循环的资本积累的可能性。

分享空间理论的理论基础来源于传统的依附理论，而传统的依附理论的研究对象为抽象的“核心”（指发达国家）与“外围”（指欠发达国家）之间的不平等关系，分享空间理论把这种理论延伸到欠发达国家城市和区域经济的高级循环与低级循环活动之间的不平等关系上。根据分享空间理论，在资本主义生产体系中，城乡之间的联系不能把城市经济增长的影响扩散至乡村地区，边缘地区不仅远离大城市且经济发展水平也很低。因此，必须寻找能够把这高级循环和低级循环“沟通”起来并提高低级循环劳动生产率水平的方法，也就是说必须打通高级循环和低级循环两种封闭的循环系统，而打通这两种循环系统主要通过资源要素的自由流动实现资源要素在两种循环中的有效配置。要实现这种资源要素的有效配置，则要有与此相匹配的空间组织和生产组织:其中空间组织要通过“从上到下”和“从下到上”的双向的资源和要素转移通道，也就是“城—乡”和“乡—城”的双向的资源和要素转移通道，实现资源要素的有效配置；生产组织主要通过把各种资源要素有效配置在城市产业部门和乡村产业部门中，也就是把各种资源要素有效配置在制造业和农业及农产品加工部门以实现经济效益的最大化。总之，空间分享理论对理解欠发达国家城市与区域经济本质特征及实现乡村振兴都具有重要意义[73]。

第三节　我国乡村振兴的研究进展

自“乡村振兴”战略提出以来，我国掀起了乡村振兴研究的热潮。截至 2018 年 12 月 5 日，以“乡村振兴”为篇名的文献达 4000 多篇[74]。当前，乡村振兴已经成为我国当下社会科学研究领域中最具活力的主题之一，众多学者对乡村振兴的基本内涵、动力来源、社会基础、主要内容、现实困境、推进路径等方面展开讨论和分析。总体来看，我国乡村振兴的研究可以分为乡村振兴的路径与制度研究、乡村振兴的具体问题研究两大块内容。

一、乡村振兴的总体路径与制度研究

自乡村振兴战略实施以来，我国众多学者从理论与实践层面对乡村振兴战略的内涵进行了解读，在对乡村振兴的内涵进行深入剖析的基础上，还进一步对实施乡村振兴战略的路径与制度展开了研究。王亚华、苏毅清（2017）指出乡村振兴战略是党对过去提出的重要农村战略的系统总结和升华，并根据新时代背景赋予其健全乡村治理体系、实现农村现代化、促进城乡融合发展等新内涵。在此基础上，他们提出实施乡

村振兴战略，是对乡村衰落的世界性难题的及时响应，具体包括需要从脱贫攻坚、稳粮增收保耕、发展和繁荣农村经济、农业供给侧结构性改革、农村社会治理、全面推进城乡融合发展、调动农民积极性等方面着手[75]。党国英（2018）则将乡村振兴战略的实施路径概括为“大农户、强农业、疏农村、多城镇”四个方面[76]。张强等人（2018）指出乡村振兴实施的目的在于扭转农村衰落的局面，实现乡村振兴要转变快速工业化和城镇化阶段偏重于促动人口从农村流向大城市地区的指导思想，坚持“以农为本”发展乡村产业的方向，并注重农村建设[64]。刘彦随（2018）提出乡村振兴应致力于创建城乡融合体制机制，构建乡村地域系统转型—重构—创新发展综合体系[68]。黄祖辉（2018）提出乡村振兴的战略重点与任务既在乡村，又在乡村以外。他还指明了乡村振兴战略推进的三条路径，包括活市场、活主体、活要素、活政策、活组织“五个激活”的驱动路径，农民主体、政府主导、企业引领、科技支撑、社会参与“五位一体”的协同路径，以及乡村与城市的关系、政府与市场的关系、人口与流动的关系、表象与内涵的关系、短期与长期的关系“五对关系”的把控路径[77]。

在乡村振兴制度研究方面，陈锡文（2018）在梳理总结改革开放 40 年以来我国农村改革的历程、经验与贡献的基础上，对乡村振兴战略提出的背景进行了分析，并提出了我国实施乡村振兴战略主要重点关注的若干制度性问题，即农村基本经营制度、农村集体产权制度、实现小农户和现代农业发展有机衔接[78]。刘守英、熊雪锋（2018）提出我国实现乡村振兴与城乡融合发展还面临着五个方面的制度性难题，具体来看，包括乡村的从属地位、农民的城市权利被忽视、乡村发展权丧失、现行农地制度与农业发展方式不适应、宅基地制度改革滞后阻碍村庄转型。他们还指出要解决这些问题要以土地制度改革为突破口，重点推动生产要素配置制度改革、完善农地权利体系、推进宅基地制度改革[62]。杨玉珍、黄少安（2019）提出乡村振兴要关注“人”与“物和景”两个维度，同时要重视与我国各个阶段的农村发展战略的统筹性与衔接性[79]。陈坤秋等（2019）剖析了农村土地制度改革与乡村发展之间的互动机制，提出农村土地制度改革要采取整合要素、重组结构、优化功能的路径来分类推进乡村振兴[80]。

二、乡村振兴战略的具体问题研究

从总体上对我国乡村振兴战略进行解读，我国学者还结合乡村振兴战略实施意见中提出的“产业兴旺、生态宜居、乡风文明、治理有效、生活富裕”5 大要求，开展了深化研究。当前，我国乡村振兴具体问题的研究主题主要集中于农村经济发展、乡村治理两个方面。

在农村经济发展方面，众多学者均认为产业兴旺是乡村振兴战略的基础与首要任务，并对农村产业发展的重点任务展开了研究。任常青（2018）认为当前农村产业兴旺的制约因素包括土地制度、基本经营制度、资源环境压力约束、现代金融供给不足、农村人力资本不足、农产品加工业薄弱、农业服务业薄弱等方面，为此要做优农业、做强农业、做大农村产业[81]。姜长云（2018）提出要以推进供给侧结构性改革为主线，推进农业农村产业体系、生产体系和经营体系建设[82]。孔祥智（2018）提出产业兴旺要以农业为中心，拓展农业多功能性，并延长农业产业链条，大力发展农业农村服务业[83]。在此基础上，部分学者还对乡村产业兴旺的评价指标体系展开了研究，徐腊梅等（2018）从反映乡村农业现代化程度和一二三产业融合发展水平的角度选取了评价乡村振兴的6个评价指标[84]。郑家琪、杨同毅（2018）则从农业产业结构调整状况、农户参加经济组织程度、农村金融活跃程度、农村劳动力就业质量、农业产业化水平、农村生产技术状态、农业现代化和农村机械化水平高低等方面设置了11个评价指标[85]。韦家华、连漪（2018）从农民对农业基础设施的满意度、二三产业收入占农民总收入的比重、农业机械化程度、农户参加农村专业合作经济组织比重、特色优势农产品比重、小农生产与现代农业的融合率等方面选取并设置了7个评价指标[86]。此外，有学者还提出了还对农村地区特定产业发展、农业企业发展等展开了研究。吴思斌、刘细发（2018）提出农村旅游业的发展对于乡村振兴战略的实施具有重要意义，要合理地开发和利用农村旅游资源[87]。王曙光、王丹莉（2018）指出农村普惠金融是乡村振兴战略重要的支持要素[88]。张红宇（2018）提出我国农业企业是现代农业产业体系中最具活力和创新力的主体，推动乡村振兴重点是要依靠市场活力、弘扬企业家精神[89]。

在乡村治理方面，学者们充分审视了乡村振兴战略下乡村治理的现实困境，针对具体问题提出解决路径。王晓毅（2018）指出乡村振兴要解决在村庄层面的国家弱化、市场缺位和农民参与不足的问题，建议鼓励国家、市场和农民多方主体在乡村振兴中发挥作用，具体措施包括推动行政权力向村级延伸、培育多样化的市场机制和市场主体，强化村委会的村民自组织性质[90]。蔡文成（2018）指出基层党组织治理能力决定乡村治理的成效，为此乡村治理现代化的关键在于优化基层党组织治理体系、提升基层党组织治理能力、创新基层党组织治理方法等[91]。段鹏超（2018）进一步对乡村振兴中的基层党建工作开展了深入研究，提出要以党的政治建设引领农村基层党建工作，建立由政治建设统领的农村基层党建新模式[92]。此外，我国学者还十分强调乡村振兴中的乡村文化特别是新乡贤文化的建设。邓坚（2018）提出新乡贤文化是乡村文化建设中固本培元的根本之路，体现了国家意志和社会共识，但当前新乡贤文化在乡村振兴中存在发挥作用效果不佳、激励机制缺失等困境，为此需要打破传统乡贤界定方法、拓宽新的服务渠道、革新激励机制[93]。宋圭武（2018）则指出城市是新乡贤文化的孵化器，建设新乡贤文化要在城市文化建设中添加新乡贤元素，并加强农民工的文化建设[94]。

人才、土地等要素也是乡村发展中的重要内容，在乡村振兴战略研究中，我国学者也从农村人力资源、新型职业农民、农村土地整治、土地利用转型等方面展开了研究。李小静（2018）提出农村人力资源量多质低、城乡二元体制造成人才流失等问题严峻，必须加大农村人力资本的建设力度，培养一批高素质新型农民[95]。何晓琼、钟祝（2018）指出新型职业农民的培育既需要政府加强农业农村现代化的顶层制度设计，又要注重现代生产要素通过市场优化配置[96]。在土地方面，龙花楼等（2018）为乡村振兴战略赋予了土地整治这一新的内涵与功能，主要体现在乡村发展关键要素（人口、土地、产业）激活、物质空间振兴与精神内核提升、乡村空间重构与乡村治理体系重构的对接3个方面。他们还从"人口—土地—产业"的视角出发，提出了以土地整治助推乡村振兴的两大模式，即农用地整治模式和农村建设用地整治模式[97]。孔雪松等（2019）指出乡村振兴与农村土地整治存在一种互动关系，体现在乡村振兴为农村土地整治转型与创新提供了驱动力，农村土地整治为实现乡村振兴提供了着力点。他们还提出农村土地整治的创新可从城乡统筹型土地整治、多功能导向型生产空间整治、人居环境改善型公共空间治理、绿色发展型生态空间治理等方面开展[98]。龙花楼、屠爽爽（2018）还对土地利用转型与乡村振兴的关系进行了探讨，提出了乡村重构是关联土地利用转型和乡村振兴的重要纽带[99]。

第六章　乡村振兴战略的政策与实践

第一节　我国乡村振兴战略的政策构建

一、我国乡村发展政策的演变

改革开放以来，根据我国农业、农村发展总体战略和重点措施的不同，乡村发展政策的演变大致可以分为 4 个发展阶段。

（一）第一阶段：以家庭承包制和乡镇企业为重点（1978~2003 年）

这一阶段的政策重点主要在于确立家庭承包责任制、改革人民公社制度、鼓励乡镇企业发展等方面。1978 年 12 月 22 日，党的十一届三中全会原则通过了《关于加快农业发展若干问题的决定（草案）》，其中明确规定“不许包产到户，不许分田单干”。1979 年 9 月，党的十一届四中全会正式通过了《中共中央关于加快农业发展若干问题的决定》，这一决定重新明确了“农业是国民经济的基础”这一思想，并提出要采取 25 项农业政策、农村经济政策和增产措施，以促进农业生产力发展。同时，该决定删除了原草案中的“不许包产到户”这一内容，“包产到户”的办法初步得到了肯定。随后，家庭联产承包制引起了激烈的争论。在邓小平的肯定下，1980 年 9 月，中央政府印发《关于进一步加强和完善农业生产责任制的几个问题》，其中明确肯定了专业承包联产计酬责任制较之其他包产形式有许多优点，可以因地制宜地进行推广。1982 年 1 月 1 日，中共中央批转《全国农村工作会议纪要》，指出专业承包联产计酬、联产到劳、包产到户等生产责任制的社会主义性质。1991 年 11 月，十三届八中全会通过了《中共中央关于进一步加强农业和农村工作的决定》，该决定提出要将家庭联产承包制作为我国乡村集体经济组织的一项基本制度长期稳定下来。2003 年 1 月 1 日，《中华人民共和国农村土地承包法》正式实施，我国农村的家庭承包制首次以法律的形式确立下来。

这一阶段，我国乡村发展的另一个重点是鼓励和支持乡镇企业发展。1990年6月，国务院发布了《中华人民共和国乡村集体所有制企业条例》，其中明确提出“国家对乡村集体所有制企业实行积极扶持，合理规划，正确引导，加强管理的方针”。1992年3月，国务院批转农业部《关于促进乡镇企业持续健康发展报告》的通知，在“积极扶持，合理规划，正确引导，加强管理”方针的基础上，提出要“走‘发展、改革、完善、提高’的路子……把我国乡镇企业提高到一个新水平”。1997年1月1日，《中华人民共和国乡镇企业法》正式施行，将我国乡镇企业的基本方针改为“积极扶持、合理规划、分类指导、依法管理”，允许县级以上人民政府设立乡镇企业发展基金。2002年1月，农业部、对外经济合作部发布了《关于印发进一步促进乡镇企业外向型经济发展意见的通知》(农企发[2002]2号)，鼓励乡镇企业参与国际经济合作与竞争，要求各地加快建设乡镇企业发展基金，对有订单、还款有保证的乡镇出口企业给予重点支持。随后，原农业部还加强了对乡镇企业的管理，先后出台了《乡镇企业负担监督管理办法》《关于加强乡镇企业信用管理工作的意见》(农企发[2002]17号)。

(二)第二阶段：新农村建设(2004~2012年)

自2004年开始，我国连续发布“三农”为主题的“一号文件”。这一阶段，我国乡村发展的政策主要是针对农民增收缓慢、农业生产受挫、城乡居民收入差距不断扩大等现实问题，重点在于强化对农业支持保护、促进城乡统筹和开展新农村建设。2004年，中央一号文件《中共中央 国务院关于促进农民增加收入若干政策的意见》明确提出“当前和今后一个时期做好农民增收工作的总体要求是……按照统筹城乡经济社会发展的要求，坚持‘多予、少取、放活’的方针，调整农业结构，扩大农民就业，加快科技进步，深化农村改革，增加农业投入，强化对农业支持保护，力争实现农民收入较快增长，尽快扭转城乡居民收入差距不断扩大的趋势”。该文件还提出要深化农村的土地征用制度、粮食流通体制、农村税费和农村金融体制等改革。这期间，我国乡村发展的政策措施主要有以下三项。

第一，废除农业税与支持粮食产业发展。2005年末，免征农业税的惠农政策以法律的形式固定下来，我国开始实行减征或免征农业税的政策。2006年1月1日起，我国全面取消农业税。为促进粮食产业发展，2004年开始全面放开粮食收购和销售市场，实行购销多渠道经营，并实施粮食直接补贴政策。

第二，推动新农村建设。2005年，党的十六届五中全会通过了《中共中央关于制定国民经济和社会发展第十一个五年规划的建议》，提出了建设社会主义新农村的重大历史任务。2006年,《中共中央 国务院关于推进社会主义新农村建设的若干意见》以中央一号文件的形式下发，提出按照“生产发展、生活宽裕、乡风文明、村容整洁、管理民主”的要求，扎实推进社会主义新农村建设。随后，我国各地积极开展了新农村建设运动，具体工作包括推进农业产业升级、补齐农村基础设施和公共服务短板、开展村庄治理、改善乡村人居环境、完善乡村治理等。

第三，扭转城乡关系，推动城乡统筹。面对粗放城镇化和GDP导向下经济增长所导致的日益加重的城乡差距和社会矛盾，我国政府对城乡发展的判断发生了重大转变。2004年，中央经济工作会议提出“我国总体上已经到了以工促农、以城带乡的发展阶段”。2006年，在中央推进新农村建设的同时，提出要“加快建立以工促农、以城带乡的长效机制”。2007年，重庆、成都获准成立全国第一个统筹城乡综合配套改革试验区。2010年，中央一号文件《中共中央 国务院关于加大统筹城乡发展力度进一步夯实农业农村发展基础的若干意见》下发，文件指出，要“协调推进工业化、城镇化和农业现代化，努力形成城乡经济社会发展一体化新格局”，并“把统筹城乡发展作为全面建设小康社会的根本要求”[79]。

（三）第三阶段：美丽乡村建设（2013~2017年）

随着我国社会经济的发展，人民生活水平得到了显著的提升。然而，在经济发展的同时，我国生态环境也在不断恶化，空气污染、土壤沙漠化、水质下降等问题日益严峻。2012年以来，我国加大了对生态环境的重视，党的十八大首次提出“美丽中国”的概念，党的十八届三中全会明确提出要“紧紧围绕建设美丽中国深化生态文明体制改革，加快建立生态文明制度，健全国土空间开发、资源节约利用、生态环境保护的体制机制”。为响应美丽中国建设目标，推进城乡一体化发展，2013年中央一号文件提出建设“美丽乡村”奋斗目标。美丽乡村建设是在新农村建设的基础上提出的。一方面，美丽乡村继承了新农村建设的五个基本要求（生产发展、生活宽裕、乡风文明、村容整洁、管理民主），另一方面，美丽乡村建设更加注重对自然资源与生态环境的保护和有效利用，更加关注生态宜居的农村人居环境营造，强调农业功能的多样性发展、农村的可持续发展。

2014年，党中央、国务院发布了《国务院办公厅关于改善农村人居环境的指导意见》，该意见提出“到2020年，全国农村居民住房、饮水和出行等基本生活条件明显改善……建成一批各具特色的美丽宜居村庄”，并指出农村环境综合整治的重点在于治理农村垃圾和污水。质检总局、国家标准委于2015年5月发布了《美丽乡村建设指南》，从村庄规划、村庄建设、生态环境、经济发展、公共服务、乡风文明、基层组织、长效管理8个方面，明确了美丽乡村规划、建设、管理等方面的基本要求与规范。在此背景下，全国出现了大量以美丽乡村人居环境建设为主题的政府工程，如浙江的“千村示范万村整治”工程和江苏的“村庄环境整治”行动等。

在推进美丽乡村建设的同时，我国还大力推动农村改革与农业现代化发展。2013年，党的十八届三中全会在北京召开，会上作出了全面深化改革的重大决定，将健全城乡一体化体制机制作为全面深化改革的一项重要内容予以明确。具体内容包括构建新型农业经营体系、改革完善农村宅基地制度、建立农村产权流转交易市场等。随后的几年里，我国的中央一号文件继续聚焦“三农”问题。2014~2017年的中央一号文件围绕“全面深化农村改革加快推进农业现代化”“加大改革创新力度加快农业现代化建设”“落实发展新理念加快农业现代化”“深入推进农业供给侧结构性改革加快培育农业农村发展新动能”等主题，进一步拓展乡村建设的内涵和外延，提升乡村建设的标准和水平[100]。

（四）第四阶段：乡村振兴（2018年至今）

2017年，党的十九大提出我国社会主义建设进入新时代，并作出了“我国社会主要矛盾已经转化为人民日益增长的美好生活需要和不平衡不充分的发展之间的矛盾”的基本判断。在新时代背景下，党的十九大报告明确提出要“坚定实施科教兴国战略、人才强国战略、创新驱动发展战略、乡村振兴战略、区域协调发展战略、可持续发展战略、军民融合发展战略”。2018年1月2日，《中共中央 国务院关于实施乡村振兴战略的意见》正式发布，该文件明确了我国乡村振兴战略的总体要求、任务重点和具体举措。我国“乡村振兴战略”的提出，转变了以往以城带乡、以工促农的理念，强调发挥乡村地区的主观能动性，由城乡一体转向城乡融合，我国新时期的新型城镇化建设和扶贫攻坚工作都要结合和统筹到“乡村振兴战略”中。为确保乡村振兴战略落实落地，2018年5月，党中央、国务院印发了《乡村振兴战略规划（2018—2022年）》，对实施乡村振兴战略作出阶段性的谋划。

二、当前我国乡村振兴战略的政策体系

2018年，党中央、国务院下发的《中共中央国 务院关于实施乡村振兴战略的意见》（以下简称《乡村振兴意见》）对我国乡村振兴战略的目标任务、工作举措等进行了整体安排，可以说是我国乡村振兴战略的总体设计。《乡村振兴意见》将我国乡村振兴的总要求概括为“产业兴旺、生态宜居、乡风文明、治理有效、生活富裕”5个方面。其中：

"产业兴旺"主线是农业供给侧结构性改革，包括夯实农业生产能力、质量兴农、农村一二三产业融合、农业对外开放、促进小农户和现代农业发展有机衔接 5 个重点任务。

"生态宜居"包括山水林田湖草系统治理、农村突出环境问题综合治理、建立市场化多元化生态补偿机制、增加农业生态产品和服务供给 4 项重点任务。

"乡风文明"即必须坚持物质文明和精神文明一起抓，包括加强农村思想道德建设、传承发展提升农村优秀传统文化、加强农村公共文化建设、开展移风易俗行动 4 项重点任务。

"治理有效"即要坚持自治、法治、德治相结合，包括加强农村基层党组织建设、深化村民自治实践、建设法治乡村、提升乡村德治水平和建设平安乡村 5 项重点任务。

"生活富裕"重点关注农村民生保障水平提升，包括优先发展农村教育事业、促进农村劳动力转移就业和农民增收、推动农村基础设施提档升级、加强农村社会保障体系建设、推进健康乡村建设、持续改善农村人居环境 6 项重点任务。

此外，《乡村振兴意见》还从扶贫攻坚、制度供给、人才、资金投入、党的领导等方面制定了具体任务与措施，全力支撑乡村振兴战略的实施。随后，党中央、国务院以及各部委均结合自身实际出台了一系列政策文件，初步构建起我国乡村振兴战略的政策体系。从当前发布的政策文件来看，我国分别针对产业兴旺、生态宜居、治理有效、生活富裕四项要求出台了细化的政策文件，包括指导意见、具体政策措施、战略规划等，不仅从总体上明确了四项要求的政策思路，部分还出台了具体的实施细则和具有操作性的指导文件。然而，对于"乡风文明"，我国目前尚未出台专门的政策文件，但"乡风文明"中所涉及的农村思想道德建设、农村公共文化建设等内容已在乡村治理的有关政策文件中有所涉及。此外，我国还加快了乡村振兴中的制度改革与创新，在集体产权、农村土地等方面开展了一系列创新性的政策举措。

（一）产业兴旺

《乡村振兴意见》中指出产业兴旺是重点。当前，我国在产业兴旺方面出台的政策文件最多，主要集中在农村产业发展、质量兴农、农业现代化以及农业生产经营体系四个领域。

第一，在农村产业发展方面，2019 年国务院出台的《国务院关于促进乡村产业振兴的指导意见》明确了我国乡村地区的产业发展重点主要是现代种养业、乡土特色产业、农产品加工流通业、乡村休闲旅游业、乡村新型服务业和乡村信息产业，以及多类型融合业态。为促进乡村产业兴旺，农业农村部分别开展了农产品加工业提升行动、休闲农业和乡村旅游升级行动、农村一二三产业融合发展推进行动。根据《2019年国家强农惠农富农政策措施》，2019年，农业农村部将从农业产业强镇示范建设支持政策、农产品产地初加工补助政策两个方面进一步加大对农村一二三产业融合发展的支持力度。在乡村旅游方面，国家发展改革委员会同财政部、自然资源部、生态环境部、农业农村部、文化和旅游部等12个部委出台了《促进乡村旅游发展提质升级行动方案（2018年—2020年）》（以下简称《行动方案》)。《行动方案》针对部分地区基础设施建设滞后、农村人居环境整治历史欠账多、乡村旅游产品和服务标准不完善等问题制定了具体的政策措施，包括加大对乡村旅游基础设施建设的用地支持、建立垃圾和污水处理农户付费制度、出台适宜乡村旅游公路和停车设施的建设规范和运营管理标准、探索建立乡村旅游产业投资基金等。文化和旅游部等17个部门也制定了《关于促进乡村旅游可持续发展的指导意见》，从加强规划引领、完善基础设施、提升乡村旅游产品品质、创建旅游品牌、助力脱贫攻坚、强化要素保障等方面全面提升乡村旅游的发展质量和综合效益。农业农村部等15个部门还专门就农产品精深加工高质量发展出台了相关的政策措施。

第二，在质量兴农方面，2019年2月，农业农村部联合国家发展改革委、科技部、财政部等6个部门印发了《国家质量兴农战略规划（2018—2022年）》。该战略规划提出我国质量兴农的基本路径是绿色化、优质化、特色化、品牌化发展，并从农业绿色发展、农业标准化、农业产业融合、农业品牌、农产品质量安全、农业科技创新、农业人才队伍7个方面出发明确了未来一段时间内我国质量兴农的重点任务。在《国家质量兴农战略规划（2018—2022年）》的指导下，我国将逐步建立以绿色生态为导向的农业补贴制度，开展果菜茶有机肥替代化肥和全程绿色防控试点，扩大耕地轮作休耕制度试点范围，并进一步完善农业设施用地政策，支持发展农业托管服务、农田健康管理服务等新型服务方式。此外，我国还高度重视农业品牌建设，根据2018年7月农业农村部出台的《农业农村部关于加快推进品牌强农的意见》，我国将建设涵盖农产品区域公用品牌、大宗农产品品牌、特色农产品品牌以及农业企业品牌的农业品牌体系，并鼓励各级农业农村部门安排专项资金、采取多种形式对农产品区域公用品牌进行扶持。同时，还将开展规范标准、生态循环的农产品种养加基地建设工作，通过品牌目录标准制定、品牌征集、审核推荐、评价认定、培育保护、定期审核与退出等措施，完善农业品牌发展机制。

第三，乡村振兴背景下，我国支持农业现代化发展主要体现在加快推进农业机械化和大力推广农业新技术两个方面。在加快推进农业机械化方面，2018年12月，《国务院关于加快推进农业机械化和农机装备产业转型升级的指导意见》（国发[2018]

42号）发布，提出到2020年，全国农作物耕种收综合机械化率达到70%，并基本实现小麦、水稻、玉米等主要粮食作物生产全程机械化。该文件在支持农机装备产业、加大创新力度的同时，大力推广先进适用农机装备与机械化技术，明确指出要稳定实施农机购置补贴政策，加大农机新产品补贴试点力度，鼓励有条件的地方探索对购买大型农机装备贷款进行贴息。与此同时，加强高标准农田建设、农村土地综合整治等方面制度、标准、规范和实施细则的制订和修订，提高农机作业的便利程度。在大力推动农业机械化发展的同时，我国还十分关注农业科技创新以及农业新技术的推广。2012年，我国对《农业技术推广法》进行了修订，明确了农业技术推广机构公益性职责，并允许各地因地制宜设立区域性农业技术推广机构。2015年，农业部出台了《关于促进企业开展农业科技创新的意见》，引导和支持企业主持或参与承担农业科技项目、建立高水平研发机构。2018年1月，国务院印发了《国务院办公厅关于推进农业高新技术产业示范区建设发展的指导意见》（国办发[2018]4号），提出对农业高新技术产业示范区给予资金、用地等方面的支持，如在土地利用年度计划中，优先安排农业高新技术企业和产业发展用地。2018年9月，农业农村部办公厅印发了《乡村振兴科技支撑行动实施方案》（农办科[2018]22号），对我国农村基础前沿技术研究、关键核心技术研发进行了明确的指引，并提出了“打造1000个乡村振兴科技引领示范村（镇）”。为推动创新驱动战略与乡村振兴战略有机结合，科技部组织编制了《创新驱动乡村振兴发展专项规划（2018—2022年）》（国科发农[2019]15号），并于2019年1月发布。该专项规划提出在实施农业农村现代化技术创新工程的同时，开展农业农村科技创新基地建设，以此为农业农村高质量发展提供有力的科技支撑。随后，我国分别就牧业、渔业等细分行业中的技术创新与推广制定了针对性的政策措施，如2018年6月，国务院发布《国务院办公厅关于推进奶业振兴保障乳品质量安全的意见》（国办发[2018]43号），提出“完善种牛质量评价制度，构建现代奶牛遗传改良技术体系和组织管理体系。扩大奶牛生产性能测定范围，加快应用基因组选择技术”。2019年2月，农业农村部出台了《农业农村部关于乡村振兴战略下加强水产技术推广工作的指导意见》，提出重点集成创新和示范推广一批资源节约型、种养循环型、绿色生态型、潜在资源开发型等现代渔业生产模式和一批尾水生态处理、资源循环利用、质量安全可控、防灾减灾等渔业关键技术。

第四，为推动农业适度规模发展，在农业生产经营体系方面，我国大力培育新型农业经营主体，重点支持家庭农场、种养大户、农民合作社联合社、农业产业化龙头企业等发展。2017年5月，中共中央办公厅、国务院办公厅印发了《关于加快构建政策体系培育新型农业经营主体的意见》，提出采用直接补贴、政府购买服务、定向委托、以奖代补等方式对新型农业经营主体进行补贴，同时运用金融信贷、保险支持等金融手段，加大对新型农业经营主体的支持。“意见”提出了“建立健全全国农业信贷担保体系，确保对从事粮食生产和农业适度规模经营的新型农业经营主体的农业信贷担保余额不得低于总担保规模的 70%，”“研究出台对地方特色优势农产品保险的中央财政以奖代补政策”等具体措施。2017 年 9 月，农业部办公厅印发了《关于大力推进农业生产托管的指导意见》（农办经 [2017]19 号），要求各地坚持因地制宜，明确在当地重点支持开展托管的农产品生产、托管环节、托管模式以及重点支持的服务规模经营形式，针对服务标准、质量、价格、信用等方面加强制度建设，强化规范引导。随后，农业部联合国家发展和改革委员会等 6 部门印发了《关于促进农业产业化联合体发展的意见》（农经发 [2017]9 号）。该意见明确了农业产业化联合体的具体定义，即“农业产业化联合体是龙头企业、农民合作社和家庭农场等新型农业经营主体以分工协作为前提，以规模经营为依托，以利益联结为纽带的一体化农业经营组织联盟”。允许农户以土地经营权、林权、设施设备等入股家庭农场、农民合作社和龙头企业，采取“保底收入 + 股份分红”的分配方式，让农民以股东身份获得收益。2018 年 12 月，农业农村部、国家发展改革委、财政部等部门发布了《农业农村部 国家发展改革委 财政部 中国人民银行 国家税务总局 国家市场监督管理总局关于开展土地经营权入股发展农业产业化经营试点的指导意见》，提出了土地经营权入股发展农业产业化经营试点工作的重点任务在于创新土地经营权入股的实现形式、完善土地股份组织运行机制和探索土地经营权入股风险防范措施。2019 年 9 月，中央农村工作领导小组办公室、农业农村部等部门公布了《关于实施家庭农场培育计划的指导意见》，提出实行家庭农场登记和名录管理制度，并从保障家庭农场的土地经营权、加强基础设施建设、健全面向家庭农场的社会化服务等 9 个方面，建立健全了家庭农场的政策支持体系。

此外，针对我国农业经营以小农户为主的家庭经营现状，我国在大力培育新型农业经营主体的同时，也在持续扶持小农户发展。2019 年 2 月，中共中央办公厅、国务院办公厅印发了《关于促进小农户和现代农业发展有机衔接的意见》，明确“保持土地承包关系稳定并长久不变，衔接落实好第二轮土地承包到期后再延长三十年的政策”、“稳定现有对小农生产的普惠性补贴政策”，强化对小农户的支持，提出“对新型农业经营主体的评优创先、政策扶持、项目倾斜等，要与带动小农生产挂钩，把带动小农户数量和成效作为重要依据”。农业部办公厅、财政部办公厅联合下发了《关于支持农业生产社会化服务工作的通知》，2017~2019 年，中央财政累计安排 110 亿元专项资金，加快推广面向小农户的农业生产托管。

（二）生态宜居

《乡村振兴意见》提出“乡村振兴，生态宜居是关键”。2018 年 8 月，农业农村部公布的《关于深入推进生态环境保护工作的意见》，明确了农业农村生态环境保护工作的重点在于构建农业农村生态环境保护制度体系、扎实推进农业绿色发展、着力改善农村人居环境、切实加强农产品产地环境保护、大力推动农业资源养护、显著提升科技支撑能力和建立健全考核评价机制 7 个方面。目前，从我国各部门出台的政策文件来看，我国乡村振兴战略在生态宜居方面的政策重点主要集中于推动自然资源资产产权制度改革和推进农业绿色发展两个方面。

近年来，我国对自然生态环境给予了前所未有的关注，“生态文明”建设不仅是乡村振兴的重点任务，更是一项贯穿我国社会经济各个层面发展的基本方针。早在 2015 年，国务院就印发了《生态文明体制改革总体方案》，明确提出构建归属清晰、权责明确、监管有效的自然资源资产产权制度。2019 年 4 月，中共中央办公厅、国务院办公厅印发了《关于统筹推进自然资源资产产权制度改革的指导意见》，提出要建立健全国土空间用途管制制度、管理规范和技术标准，对国土空间实施统一管控，强化山水林田湖草整体保护。同时，编制实施国土空间生态修复规划，建立健全山水林田湖草系统修复和综合治理机制，坚持“谁破坏、谁补偿”原则，建立健全依法建设占用各类自然生态空间和压覆矿产的占用补偿制度。随后，自然资源部、财政部、生态环境部等部门制定了《自然资源统一确权登记暂行办法》，将对水流、森林、山岭、草原、荒地、滩涂、海域、无居民海岛以及探明储量的矿产资源等自然资源的所有权和所有自然生态空间统一进行确权登记。

早在乡村振兴战略提出之前，中共中央办公厅、国务院办公厅就于 2017 年印发了《关于创新体制机制推进农业绿色发展的意见》。该意见提出要“努力实现耕地数量不减少、耕地质量不降低、地下水不超采，化肥、农药使用量零增长，秸秆、畜禽粪污、农膜全利用”，并从优化农业主体功能与空间布局、强化资源保护与节约利用、加强产地环境保护与治理、护修复农业生态系统和健全创新驱动与约束激励机制 5 个方面，提出了推动我国农业绿色发展的重点任务。随后，国家各部门在农业绿色发展技术、畜禽养殖废弃物资源化利用等方面出台了一系列政策文件。2018 年 7 月，农业农村部印发了《农业绿色发展技术导则（2018—2030 年）》。该技术导则明确了我国农业绿色发展技术体系的主要任务，并细化明确了各主要任务的重点研发、集成示范、推广应用等措施。在畜禽养殖废弃物资源化利用方面，我国出台了《国务院办公厅关于加快推进畜禽养殖废弃物资源化利用的意见》（国办发 [2017]48 号）、《农

业部 财政部关于做好畜禽粪污资源化利用项目实施工作的通知》《农业农村部关于切实做好大型规模养殖场畜禽粪污资源化利用工作的通知》（农牧发 [2018]8 号）等政策文件，主要措施包括严格落实畜禽规模养殖环评制度、完善畜禽养殖污染监管制度、建立属地管理责任制度、落实规模养殖场主体责任制度、健全绩效评价考核制度、构建种养循环发展机制等。2018 年，中央财政和中央预算内投资总共安排 50 亿元用于支持畜牧大县整县推进畜禽粪污资源化利用。此外，我国还十分关注农用地污染防治，出台了《农业农村部办公厅 生态环境部办公厅关于进一步做好受污染耕地安全利用工作的通知》《关于加快推进农用地膜污染防治的意见》等政策文件。在农用地膜污染防治方面，2017 年农业部以西北为重点区域，组织实施农膜回收行动，主要行动方向在于加厚地膜应用、机械化捡拾、专业化回收、资源化利用，具体路径为“连片实施，整县推进，综合治理”。2019 年，农业农村部继续深入推进农膜回收行动。

（三）治理有效

《乡村振兴意见》提出“乡村振兴，治理有效是基础，”“必须把夯实基层基础作为固本之策”。然而，从目前各部门发布的政策文件来看，我国在乡村治理方面的政策仍相对缺乏，需要进一步深化、细化和完善。当前，我国在乡村治理方面出台的政策文件主要为《中共中央办公厅 国务院办公厅印发〈关于加强和改进乡村治理的指导意见〉》，从治理体系和治理能力建设两个方面出发，明确了我国乡村治理工作的 17 项主要任务。根据这 17 项主要任务，可以将我国乡村治理制度概括为：坚持和加强党对乡村治理的集中统一领导，建立健全党委领导、政府负责、社会协同、公众参与、法治保障、科技支撑的现代乡村社会治理体制。为加强党中央对农村工作的全面领导，2019 年 6 月 24 日，中共中央政治局召开会议，审议通过了《中国共产党农村工作条例》。《中国共产党农村工作条例》于 2019 年 8 月 19 日起施行。该条例明确提出我国实行“中央统筹、省负总责、市县乡抓落实”的农村工作领导体制，并设立中央农村工作领导小组，其职责是定期分析农村经济社会形势，研究协调“三农”重大问题，督促落实党中央关于农村工作重要决策部署；中央农村工作领导小组下设办公室，承担中央农村工作领导小组日常事务。

在《关于加强和改进乡村治理的指导意见》的指导下，中央农村工作领导小组联合其他部委组织开展了乡村治理示范村镇、乡村治理体系建设试点示范工作。2019 年 7 月，中央农村工作领导小组办公室、农业农村部等部门共同发布了《中央农村工作领导小组办公室 农业农村部 中央宣传部 民政部 司法部关于开展乡村治理示范村镇创建工作的通知》，其中对示范村、示范乡（镇）的创建标准进行了明确（见表 6–1）。我国乡村治理体系建设试点以县（市、区）为基本单位，试点周期为 3 年，试点的主要内容包括探索共建、共治、共享的治理体制、探索乡村治理与经济社会协调发展的机制、探索完善乡村治理的组织体系、探索党组织领导的自治、法治、德治相结合的路径、完善基层治理方式、完善村级权力监管机制、创新村民议事协商形式、创新现代乡村治理手段 8 个方面。

我国乡村治理示范村镇的创建标准 表6–1

	创建标准	具体内涵
示范村	村党组织领导有力	村党组织班子团结、工作规范，对村级各类组织实现统一领导，党组织战斗堡垒和党员先锋模范作用有效发挥
	村民自治依法规范	村民自治制度健全、议事形式丰富，村务监督机构普遍建立并依法参与监督，村规民约为广大村民知晓并认同，能有效调动村民参与自治的积极性
	法治理念深入人心	经常开展群众性法律法规宣传活动，积极开展法治文化阵地建设和法治文化活动，能为村民提供便捷的法律基本服务，村“两委”成员带头尊法、学法、守法、用法，村民法治意识明显增强
	文化道德形成新风	深入开展社会主义核心价值观教育，广泛开展道德建设实践活动，建立崇德向善的激励约束机制，保护和弘扬传统优秀文化，大力开展移风易俗行动
	乡村发展充满活力	有明确的发展规划，村级集体经济组织不断发展壮大，村民增收渠道多样，村容村貌整洁美观，人居环境明显改善
	农村社会安定有序	深入开展农村基层综合治理，各类组织和人士积极参与乡村建设和治理，矛盾调处机制健全，有效抵制黑恶势力、封建迷信活动和不良社会风气，无重大治安刑事案件、越级上访和非法宗教等活动，村民关系和谐
示范乡（镇）	乡村治理工作机制健全	党委和政府在人力、物力、财力投入方面为乡村治理工作提供保障，政府治理、社会参与、村民自治良性互动，基本建立共建、共治、共享的乡村治理格局
	基层管理服务便捷高效	乡镇对农村公共服务事项内容有明确的权责清单，乡村资源、服务、管理重心有效下移，乡镇和村对农民管理和服务职责清晰、有效联动，能在行政村为农民提供“一门式办理”“一站式服务”
	农村公共事务监督有效	制定乡村小微权力责任清单，基本建立农民群众、村务监督委员会和上级部门等多方监督体系，农村党务、政务、村务、财务公开制度化和规范化
	乡村社会治理成效明显	辖区内各行政村党组织领导的自治、法治、德治相结合的乡村治理体系基本建立，有效化解社会矛盾纠纷，治理非法宗教活动，铲除黑恶势力滋生土壤，乡村发展充满活力，村容村貌整洁优美，社会秩序良好

（资料来源：《中央农村工作领导小组办公室 农业农村部 中央宣传部 民政部 司法部关于开展乡村治理示范村镇创建工作的通知》）

（四）生活富裕

《乡村振兴意见》提出“乡村振兴，生活富裕是根本”。早在2016年，国务院办公厅便印发了《国务院办公厅关于完善支持政策促进农民持续增收的若干意见》（国办发[2016]87号），提出要从农业支持保护制度、农民就业创业政策、农村资源资产要素、农村保障政策方面，构建完善的农民收入增长支持政策体系。当前，我国农民收入增长支持的政策措施包括“三项补贴”改革政策，粮改饲、粮豆轮作补助政策，稻谷、小麦最低收购价政策，县域金融机构涉农贷款增量奖励政策，涉农贴息贷款政策，科技特派员制度等，并开展了粮食生产规模经营主体营销贷款改革试点、农村承包土地的经营权和农民住房财产权抵押贷款试点、特色优势农产品保险试点等试点工作。当前，在乡村生活富裕方面，我国的政策关注点主要集中在农村公共服务、农村劳动力就业、农村基础设施、农村人居环境四个方面。

第一，在农村公共服务方面，针对乡村地区的教育短板，国务院办公厅出台了《国务院办公厅关于全面加强乡村小规模学校和乡镇寄宿制学校建设的指导意见》（国办发[2018]27号），提出要妥善处理乡镇学校的撤并问题，对于撤并后闲置校舍的利用给予了指导，指出撤并后的闲置校舍应主要用于发展乡村学前教育、校外教育、留守儿童关爱保护等。《意见》还明确提出要改善乡镇学校的办学条件、强化师资建设、强化经费保障、提高办学水平。其中，在经费保障方面提出“切实落实对乡村小规模学校按100人拨付公用经费和对乡镇寄宿制学校按寄宿生年生均200元标准增加公用经费补助政策，中央财政继续给予支持”。

第二，在农村劳动力就业上，农业农村部于2018年4月出台了《农业农村部关于大力实施乡村就业创业促进行动的通知》。为加强对农村创业创新人才培训，我国将继续实施返乡创业培训五年行动计划、新型职业农民培育工程、农村实用人才带头人和大学生村干部示范培训、农村青年创业致富“领头雁”计划、贫困村创业致富带头人培训工程、农村创业致富女带头人、农村创业创新项目创意大赛、农村创业创新成果展览展示等项目，组织开展农村创业创新“百县千乡万名带头人”培育工作和百万人才培训行动。并对农村创业创新活动给予政策支持，包括通过政府购买服务、以奖代补、先建后补等方式，支持乡村就业创业项目，以及通过保底分红、股份合作、利润返还等多种形式，让农民合理分享全产业链增值收益。

第三，在乡村基础设施建设上，我国将重点补齐基础设施短板，推动信息基础设施建设。2018年10月，国务院发布了《国务院办公厅关于保持基础设施领域补短板力度的指导意见》（国办发[2018]101号），针对农业农村，提出要加大高标准农田、特色农产品优势区、畜禽粪污资源化利用等农业基础设施建设力度，支持农村改厕工作，以及农村生活垃圾和污水处理设施建设。2019 年 5 月，中共中央办公厅、国务院办公厅印发了《数字乡村发展战略纲要》，提出要加快农村宽带通信网、移动互联网、广播电视等信息基础设施建设，同时提升信息对产业发展、教育、民生保障的支撑，发展数字农业、“互联网 + 农产品”、“互联网 + 教育”、“互联网 + 医疗健康”等，并推进全面覆盖乡村的社会保障、社会救助系统建设，加快实现城乡居民基本医疗保险异地就医直接结算、社会保险关系网上转移接续。

第四，改善农村人居环境，建设美丽宜居乡村，是实施乡村振兴战略的一项重要任务。2018 年 2 月，中共中央办公厅、国务院办公厅印发《农村人居环境整治三年行动方案》，对 2018~2020 年开展农村人居环境整治行动作了专门部署，提出近三年我国农村人居环境整治的重点任务是推进农村生活垃圾治理、开展厕所粪污治理、梯次推进农村生活污水治理、提升村容村貌、加强村庄规划管理、完善建设和管护机制 6 个方面。同时,《农村人居环境整治三年行动方案》要求各省（自治区、直辖市）要在摸清底数、总结经验的基础上，对照本行动方案提出的目标和 6 大重点任务，编制或修订省级农村人居环境整治实施方案，并开展典型试点示范。随后，国家发展改革委发布了《国家发展改革委关于扎实推进农村人居环境整治行动的通知》，明确了我国农村人居环境整治的主攻方向是农村垃圾、污水治理和村容村貌提升，并细化了不同年份的整治工作重点。其中，2018 年要着力推进典型示范，总结并提炼出一系列符合当地实际的环境整治技术方法，以及能复制、易推广的建设和运行管护机制；2019~2020 年在面上集中推广成熟做法、技术路线和建管模式；到 2020 年基本完成整治任务。在此基础上，针对村庄环境“脏乱差”问题，中央农办、农业农村部等 18 个部门于 2018 年 12 月印发了《农村人居环境整治村庄清洁行动方案》的通知。该文件明确了我国农村人居环境整治村庄清洁行动的主要内容包括清理农村生活垃圾、清理村内塘沟、清理畜禽养殖粪污等农业生产废弃物、改变影响农村人居环境的不良习惯四个方面。随后，我国各部门进一步细化了农村人居环境整治的具体政策细则，分别针对农村“厕所革命”、农村生活污染治理出台了相关政策文件。2018 年 12 月，中央农办、农业农村部、国家卫生健康委、住房城乡建设部、文化和旅游部等 8 个部门共同发布了《关于推进农村“厕所革命”专项行动的指导意见》(农社发 [2018]2 号)。2019 年 7 月，水利部等 9 个部门联合印发了《关于推进农村生活污水治理的指导意见》。

村庄规划是我国乡村地区发展的顶层设计，也被纳入了我国农村人居环境整治的重点任务。2019 年 1 月，中央农办、农业农村部、自然资源部、国家发展改革委、财政部发布了《中央农办 农业农村部 自然资源部 国家发展改革委 财政部关于统筹推进村庄规划工作的意见》，提出村庄规划要"统筹谋划村庄发展定位、主导产业选择、用地布局、人居环境整治、生态保护、建设项目安排等"，同时明确了村庄规划是乡村建设的指引这一思想，提出"做到不规划不建设、不规划不投入"。2019 年 6 月，自然资源部办公厅发布了《自然资源部办公厅关于加强村庄规划促进乡村振兴的通知》，明确了村庄规划在我国城乡规划体系中的定位，即"村庄规划是法定规划，是国土空间规划体系中乡村地区的详细规划，是开展国土空间开发保护活动、实施国土空间用途管制、核发乡村建设项目规划许可、进行各项建设等的法定依据"。村庄规划的主要任务在于统筹村庄发展目标、统筹生态保护修复、统筹耕地和永久基本农田保护、统筹基础设施和基本公共服务设施布局、统筹产业发展空间、统筹农村住房布局和统筹村庄安全和防灾减灾，并明确规划近期实施项目。该政策文件还明确支持各地探索规划"留白"机制，即各地可在乡镇国土空间规划和村庄规划中预留不超过 5% 的建设用地机动指标，用于村民居住、农村公共公益设施、零星分散的乡村文旅设施及农村新产业新业态等用地。

（五）制度保障

当前，不适宜的制度是制约我国乡村发展的重要因素之一。为此，我国乡村振兴战略提出"必须把制度建设贯穿其中"，具体包括农村基本经营制度、农村土地制度、农村集体产权制度、农村支持保护制度。

2016 年，《中共中央 国务院关于稳步推进农村集体产权制度改革的意见》正式印发，对农村集体产权制度改革作出了总体部署。党的十九大报告进一步强调，"深化农村集体产权制度改革，保障农民财产权益，壮大集体经济"。近 7 年的中央 1 号文件都对推进这项改革提出明确要求。改革的目标是"构建归属清晰、权能完整、流转顺畅、保护严格的中国特色社会主义农村集体产权制度，保护和发展农民作为农村集体经济组织成员的合法权益"。改革的重点任务包括：一是全面开展农村集体资产清产核资，包括清查核实资产、理清债权债务、明确产权归属、健全管理制度；二是加快推进经营性资产产权制度改革，重点在于推进股份合作制改革，确认农村集体经济组织成员身份，将经营性资产以股份或份额形式量化到集体成员，并建立健全集体资产股权登记制度、集体收益分配制度、集体资产股份有偿退出等制度；三是探索农村集体经济有效实现形式，发挥集体经济组织功能作用，做好新成立集体经济组织登记赋码工作，多种形式发展壮大集体经济。同时，建立符合农村实际需要的产权流转交易市场，制定产权流转交易管理办法，引导和规范农村承包土地经营权、集体林权、

“四荒”地使用权、农业类知识产权、农村集体经营性资产出租等农村产权流转交易。农业农村部提出将“选择 10 个左右省份、30 个左右地市整建制开展改革试点，扶持 2 万个左右村开展发展壮大集体经济试点示范”。

在农村土地制度方面，我国早在 2015 年便开展了农村承包地确权登记颁证工作。截至 2018 年年底，全国共有 2838 个县（市、区）和开发区开展了农村承包地确权登记颁证工作，涉及 3.4 万个乡镇、55 万多个行政村、2 亿多农户、16.7 亿亩承包地（含耕地、园地、林地等）。至此，我国基本完成农村承包地确权登记颁证工作，基本理清了全国农村承包地权属。随后，2018 年 12 月 29 日第十三届全国人民代表大会常务委员会第七次会议通过了关于修改《中华人民共和国农村土地承包法》的决定，以法律的形式确立“三权分置”制度，并明确了土地经营权可以依法采取出租（转包）、入股或者其他方式流转。此外，修改后的《农村土地承包法》明确提出“不得以退出土地承包经营权作为农户进城落户的条件”，从法律上维护了进城务工和落户农民的土地承包权益。2019 年 8 月 26 日，十三届全国人民代表大会常委会第十二次会议表决通过了关于修改《土地管理法》的决定。此次《土地管理法》的修改主要聚焦在三个方面：一是破除农村集体经营性建设用地进入市场的法律障碍，二是完善土地征收，三是完善农村宅基地制度。在农村集体经营性建设用地入市方面，新《土地管理法》删除了原法第 43 条关于“任何单位和个人进行建设,需要使用土地,必须使用国有土地”的规定，允许集体经营性建设用地在符合规划、依法登记，并经本集体经济组织三分之二以上成员或者村民代表同意的条件下，通过出让、出租等方式交由集体经济组织以外的单位或者个人直接使用。在土地征收方面，新《土地管理法》改革了土地征收程序，将原来的征地批后公告改为征地批前公告。同时，对土地征收的公共利益范围进行了界定，土地征收的公共利益包括军事和外交、政府组织实施的基础设施、公共事业、扶贫搬迁和保障性安居工程以及成片开发建设。在完善农村宅基地制度方面，早在 2017 年中央 1 号文件就提出“在充分保障农户宅基地用益物权、防止外部资本侵占控制的前提下，落实宅基地集体所有权，维护农户依法取得的宅基地占有和使用权，探索农村集体组织以出租、合作等方式盘活利用空闲农房及宅基地。”2018 年的中央 1 号文件提出，要完善农民闲置宅基地和闲置农房政策，落实宅基地集体所有权，保障宅基地农户资格权和农民房屋财产权，适度放活宅基地和农民房屋使用权。2019 年的中央 1 号文件提出，坚持保障农民土地权益、不得以退出承包地和宅基地作为农民进城落户条件。新《土地管理法》则明确规定国家允许进城落户的农村村民自愿有偿退出宅基地。

第二节　我国典型地区乡村振兴政策与实践

一、浙江省

（一）浙江省乡村发展历程

2003 年，浙江省启动实施了“千村示范，万村整治”的乡村建设工程，随后，这项工程得到了十多年的持续性推进，并深入贯彻到浙江省新农村建设中。根据不同时期的乡村建设的政策重点与工作任务，可以将浙江省的乡村振兴划分为三个阶段：第一阶段为乡村基础环境整治阶段（2003~2007 年），第二阶段为乡村人居环境提升阶段（2008~2010 年），第三阶段为美丽乡村建设阶段（2011~2017 年）。

1. 第一阶段：乡村基础环境整治阶段

这一阶段，浙江省以解决农村环境污染问题为主要目标。为缓解城市工业对农村环境造成的压力，2004 年浙江省部署实施了“811”环境污染专项整治行动计划和“百亿生态环境保护建设工程”。2005 年，浙江省颁布了《百万农户生活污水净化沼气工程立项指南》，推动农村生产生活污水无害化处理和资源化利用。2006 年，浙江省开始实施“农村环境五整治一提高”工程、农村垃圾集中处理和沿路沿线重点区域“赤膊房”整治建设。根据不同的整治目标和整治内容，浙江省将实施“千万工程”的村庄划分为示范村和环境整治村两类。其中，示范村以提升物质、精神、政治文明为目标，实现农村新社区建设；环境整治村以治理农村“脏、乱、散、差”为重点。为加强对乡村基础环境整治的指导，浙江省还成立了乡村建设协调小组和办公室，由农业农村办公室、省委组织部、省委宣传部文明办、发展计划委员会等 12 个部门组成，每个部门根据全省情况部署开展制定年度计划、研究政策措施等工作，并分别对口负责指导一个地级市的村庄整治。此外，为提高村庄整治质量、评估阶段成效，以及更好地激发农民主体的积极性、主动性和参与性，浙江省提出每年对各地市村庄整治建设情况进行考核，根据考核结果，将村庄分为优胜村和合格村，分别给予不同程度的资金奖励。

2. 第二阶段：乡村人居环境提升阶段

该时期浙江省以全面改善农村人居环境为工作重点。在上一阶段乡村基础环境整治的基础上，浙江省将所涉行政村划分为待整治村与已整治村两大类。其中，待整治村主要进行农村环境综合整治，已整治村则重点实施生活污水治理，并以农村土地整理为共同目标，由此全面提升乡村人居环境。浙江省分批启动建设待整治村，将“村道硬化、垃圾处理、卫生改厕和污水处理”四大项目作为新一轮农村整治建设的基本内容。2009 年浙江省启动了农村无害化厕所建设项目，并开展改厕技术培训、健康教育以及项目绩效评估，上级政府还对该项目提供了 300 元 / 户的资金支持。

同时，为了优化农村土地利用结构和布局、提升农村综合生产能力，这一阶段，浙江省还启动了农村土地综合整治工程，具体包括农村土地整理复垦、农村住房改造建设与中心村建设计划三项内容（见表 6–2）。2009 年，浙江省针对农村住房改造建设开展了“强塘固房”工程，并启动培育建设中心村试点工作。2010 年，浙江省出台了《中共浙江省委办公厅 浙江省人民政府办公厅关于加快培育建设中心村的若干意见》（浙委办 [2010]97 号），正式开启培育建设中心村工作。浙江省提出“力争到 2012 年培育建设 1200 个左右中心村，其中 2010 年启动培育建设 420 个左右中心村”。中心村培育的主要任务包括农村人口集聚、促进土地节约利用、配套建设基础设施、完善公共服务体系、大力发展村域经济。

浙江省农村土地综合整治实施方式 **表6–2**

农村土地整理	实施工程	具体操作
农村住房改造建设	强塘固房	农村困难群众住房救助、危旧房改造、地质灾害避险迁建、灾后倒房重建等
	分类推进建设	根据村庄类型、地理位置及地形等特征展开建设，分别对大城市与经济发达地区的城中村、近郊村和小城市的村庄推行多高层公寓、公寓式住宅以及多层公寓，严格控制建设联立式住宅
	四个围绕	建得好，移得出，安得下，富得起
农村土地整理复垦	耕地保护制度、节约用地制度	土地整理复垦，农村土地综合整治，社区公共服务与基础设施建设，加强农村人口与村庄集聚
中心村建设	中心村试点工作	—

（资料来源：武前波、俞霞颖、陈前虎《新时期浙江省乡村建设的发展历程及其政策供给》）

3. 第三阶段：美丽乡村建设阶段

2010 年 12 月 31 日，浙江省委颁布了《浙江省美丽乡村建设行动计划（2011—2015）》（以下简称“美丽乡村行动计划”），正式开启了美丽乡村的建设。这一阶段，浙江省美丽乡村建设以“四美”（科学规划布局美、村容整洁环境美、创业增收生活美、乡风文明身心美）、“三宜”（宜居、宜业、宜游）美丽乡村建设为主要目标，以实施“四大行动”（生态人居建设行动、生态环境提升行动、生态经济推进行动、生态文化培育行动）为主要任务。为推动乡村建设，浙江省将村庄类型划分为待整治村环境综合整治和中心村培育建设。各地市在具体的推进过程中又将待整治村分为“整乡整镇整治项目”和“一般整治项目”。同时，浙江省进一步推动中心村的培育建设，将中心村的培育建设划分为一般中心村和重点示范中心村。自 2010 年起，浙江省各地市开始启动对重点示范中心村建设的资金投入[101]。

浙江省“美丽乡村行动计划”加强对乡村特色文化的关注，提出要“编制农村特色文化村落保护规划”，并提出“在充分发掘和保护古村落、古民居、古建筑、古树名木和民俗文化等历史文化遗迹遗存的基础上，优化美化村庄人居环境”。2012年，浙江省出台了《关于加强历史文化村落保护利用的若干意见》(浙委办[2012]38号)，其中将历史文化村落分为古建筑村落、自然生态村落和民俗风情村落三种类型，并在规划编制、资金投入、用地保障等方面提出了历史文化村落保护利用的具体政策措施。浙江省提出要将历史文化村落保护利用与异地搬迁、农村危旧房改造、农民饮用水、乡村文化中心、乡村体育、绿化示范村、现代商贸服务示范村、农村电气化、历史文化名村保护等工程有机结合起来，并把历史文化村落保护利用工作和农房改造、农村土地综合整治项目相结合。

(二)浙江省乡村振兴战略的政策与实践

1. 政策体系

2018年4月，浙江省印发了《全面实施乡村振兴战略高水平推进农业农村现代化行动计划(2018—2022)》(浙委发[2018]16号)，该行动计划是浙江省乡村振兴战略的纲领性文件。在此基础上，浙江省出台了《浙江省乡村振兴战略规划(2018—2022年)》，以及52个配套政策文件，初步构建起“1+1+N”的政策体系。

第一个“1”指《全面实施乡村振兴战略高水平推进农业农村现代化行动计划(2018—2022)》(浙委发[2018]16号)，提出实施“五万工程”(万家新型农业主体提升、万个景区村庄创建、万家文化礼堂引领、万村善治示范、万元农民收入新增)和“五大行动”(乡村产业振兴行动、新时代美丽乡村建设行动、乡村文化兴盛行动、自治法治德治“三治结合”提升行动、富民惠民行动)。

第二个“1”指《浙江省乡村振兴战略规划(2018—2022年)》，确立了浙江省乡村振兴分四步走的阶段目标，提出了七项重点工作，具体包括构建乡村振兴新格局、高质量发展乡村经济、建设花园式美丽乡村、全面繁荣乡村文化、打造乡村治理现代化先行区、全面创造农民美好生活、健全城乡融合发展政策体系。

“N”指52个配套政策文件。

为推进乡村振兴，浙江省还成立了乡村振兴领导小组，由省委书记、省长任组长，54个省直单位主要负责人为成员。此外，2018年8月浙江省与农业农村部签署了《共同建设乡村振兴示范省合作框架协议》，以省部共建、以省为主、试点先行、示范推广、整体推进为工作路径，高水平打造农业农村现代化浙江样板，为全国实施乡村振兴战略开好局、起好步提供浙江实践和浙江经验。

2. 具体做法

一是大力推动实施乡村产业振兴，高质量发展乡村经济。为推进乡村产业振兴，浙江省在原有的粮食生产功能区和现代农业园区“两区”建设的基础上，提出了实施“12188”工程（建成100个一二三产业深度融合的省级现代农业园区、200个集产业园科技园创业园功能于一体的农业可持续发展示范园、100个特色农业强镇、80条单条产值10亿元以上的示范性农业全产业链，保护好800万亩粮食生产功能区），进一步夯实高效生态现代农业基础。保障粮食安全是浙江省乡村产业振兴的重要内容。为构建高质量高标准的粮食安全保障体系，浙江省于2018年4月出台了《浙江省人民政府办公厅关于加快推进农业供给侧结构性改革大力发展粮食产业经济的实施意见》，明确提出要从财税、金融、用地、行业监管服务等方面强化对粮食产业的支持，深入实施优质粮食工程、科技兴粮工程、人才兴粮工程等，推动粮食产业规模化、品牌化、优质化发展。在此基础上，《浙江省乡村振兴战略规划（2018—2022年）》提出了以“三个示范、两个升级”高质量发展乡村经济。其中，“三个示范”指的是绿色示范、品牌示范、安全示范，要全力推进农业绿色发展示范先行创建，打造一批高质量、有口碑的“金字招牌”，建好全国首个农产品质量安全示范省；“两个升级”指的是向数字农业和科技农业升级、向农业一二三产业深度融合升级。此外，为推动乡村产业振兴，浙江省还将构建现代农业经营体系，通过实施万家新型农业经营主体培育提升工程，培育一批规范化农民合作社（含联合社）、骨干农业龙头企业、示范性家庭农场、示范性专业化市场化服务组织、农创客等。在农创客方面，浙江省农业厅于2018年9月出台了《关于加快农创客培育发展的意见》（浙农专发[2018]101号）。该文件对“农创客”的概念进行了明确的界定，并鼓励大学毕业生投身农业创业创新，对大学生初次到农业领域创业，并担任法定代表人或主要负责人的，给予连续3年的创业补贴，补贴标准为第一年5万元，第二年3万元，第三年2万元。

二是开展新时代美丽乡村建设。浙江省提出全域开展新时代美丽乡村创建工作。2019年8月，浙江省正式发布《新时代美丽乡村建设规范》，该规范以原有《美丽乡村建设规范》为基础，新增垃圾分类、数字乡村、就业服务等内容，并设置了否决性指标、基础性指标和发展性指标等指标项目，以此作为全省新时代美丽乡村的建设指引和评价依据。此外，《浙江省乡村振兴战略规划（2018—2022年）》在深化“千万工程”、美丽乡村建设的基础上，提出了“两个美丽提升”，即一是建设美丽生态系统，通过“四好农村路”、万里绿道串联万村景区，推进示范精品村“串珠成链、连线成片”，与全省旅游精品线路衔接，建设省域乡村旅游黄金带；二是提升美丽城镇，把美丽城镇建设作为推进城乡融合发展的突破口，以城镇美丽建设带动美丽乡村建设。

为推动农村基础设施提档升级、助推美丽乡村建设，浙江省于 2019 年 6 月出台了《浙江省人民政府办公厅关于进一步加大基础设施领域补短板力度的实施意见》，提出对农业农村领域基础设施补短板主要在农村饮用水达标提标、新一轮农村电网升级改造、历史文化名村、农家乐示范村、美丽乡村精品村基础设施配套等方面，并明确了农业农村领域投资在 3 亿元以上的项目可纳入补短板重大项目储备库。此外，浙江省美丽乡村建设还十分关注污染防治，浙江省生态环境厅、浙江省农业农村厅于 2019 年 5 月印发了《浙江省农业农村污染治理攻坚战实施方案》，提出了加强农村饮用水水源保护、深化农村生活污染治理、推动农业生产污染防治、推进农业农村废弃物综合利用体系建设、提升农业农村监管能力 5 项重点任务。此外，浙江省还加大了对美丽乡村建设的资金支持，省财政设立了专项资金，对列入整治工程建设计划的农村生活污水治理、历史文化村落保护利用等项目进行扶持。

三是弘扬乡村文化，推动自治、法治、德治“三治结合”。在乡村文化方面，浙江省十分关注乡村优秀传统文化的传承发展与提升，提出“深化历史文化（传统）村落保护利用，每年选树 20 个历史文化村落保护利用示范村、保护提升 100 个传统村落风貌”。为繁荣乡村文化事业，浙江省将建设涵盖村农村文化礼堂、乡镇综合文化站、县级新时代文明传习所（实践所）的三级文化载体。为推进自治、法治、德治“三治”结合，浙江省开展了善治示范村建设工作，于 2018 年制定了《浙江省善治示范村认定暂行办法》，并组织开展善治示范村认定工作。2019 年 6 月，浙江省公布了首批善治示范村名单，共有 2003 个村入选。同时，浙江省积极推动乡村文化与德治的融合，提出重塑新乡贤文化，组织开展“写家书传家风”等家庭建设活动，开展“最美家庭”“书香家庭”“绿色家庭”的选树活动。在此基础上，浙江省还提出推进“三治结合”实体化运作，重点推行村规民约、百姓议事会和乡贤参事会，以及百事服务团、法律服务团、道德评判团等“一约两会三团”社会治理新载体。

四是以农村土地、农村集体产权为重点深化农村改革。在农村土地方面，2017 年 12 月浙江省国土资源厅制定了《浙江省国土资源厅关于有序推进村土地利用规划编制和实施工作的指导意见》（浙土资规 [2017]13 号），明确提出“各地要通过村土地利用规划编制，促进农村土地利用和供给精细化管理”。但浙江省村土地利用规划并不是法定规划，而是“根据需要组织编制”，编制内容涵盖高标准农田建设、农田水利设施建设、土地开发整理复垦、工矿废弃地利用、农村土地全域整治等。浙江省还提出农村建设用地要坚持“不增加为原则、增加为特例”“城乡不增长、人均负增长”的总体要求，农村居住用地、农村公共服务设施用地和村庄内部基础设施用地等均纳入村庄建设用地中进行统筹考虑。除了开展村土地利用规划，浙江省还出台了《中共浙江

省委 浙江省人民政府关于加强耕地保护和改进占补平衡的实施意见》。为保障乡村发展和建设的用地需求，在这一文件中，浙江省提出“在确保县域内耕地数量和质量平衡的前提下，复垦形成的城乡建设用地增减挂钩指标可等面积直接置换用于建新区块的相关建设”。同时，推动城乡建设用地增减挂钩节余指标在全省范围内流转，对于优先使用城乡建设用地增减挂钩节余的城镇住宅、商业等经营性用地，要将其流转收益用于消除集体经济薄弱村和支持实施乡村振兴战略。此外，在县、乡土地利用总体规划和村土地利用规划中预留部分规划建设用地指标，用于单独选址的农业设施和休闲旅游设施等建设。浙江省还出台《浙江省国土资源厅关于做好城乡建设用地增减挂钩节余指标调剂使用管理工作的通知》，对节余指标的内涵、调剂范围和要求等内容都作了明确的规定。在农村集体产权改革方面，2018 年 10 月，浙江省农业厅印发了《浙江省农村集体资产股权管理暂行办法》，明确了浙江省农村集体资产股权实行“量化到人、确权到户、户内共享”，为农村集体资产股权流转转让、质押融资提供了法律依据。根据这一暂行办法，浙江省农村集体资产股权不仅可以依法继承，还可以有偿退出。

二、江苏省

（一）江苏省乡村发展历程

自新农村建设启动以来，江苏省乡村发展大体可分为以下两个阶段。

1. 第一阶段：村庄环境整治阶段

2011 年，江苏省委、省政府提出“城乡规划、产业布局、基础设施、公共服务、就业社保、社会管理”六个方面的城乡发展一体化战略，明确以统筹城乡建设为切入点推进城乡发展一体化的战略部署，并将村庄环境整治列为“十二五”时期“美好城乡建设行动计划”的核心内容。江苏省还组织编制了《江苏村庄环境整治五年行动规划》，明确提出所有自然村都要达到环境整洁村标准，并提出规划发展村庄要按照“六整治、六提升”的要求，建成康居乡村。江苏省的村庄环境整治以改善农村环境卫生为基本出发点，重点工作包括整治露天粪坑、畜禽散养、杂物乱堆，拆除严重影响村容村貌的违章建筑物、构筑物及其他设施，推进河道沟塘轮浚机制建设等。在改善农村卫生环境的同时，江苏省还不断推动公共服务设施向农村延伸，具体措施包括逐步建立完善“组保洁、村收集、镇转运、县处理”的城乡统筹生活垃圾收运处理体系，大力推进村级综合服务中心、村庄公共活动场地、邻里休闲场地和健身运动场地建设等。江苏省在实施村庄环境整治的过程中，还十分注重乡村特色风貌的塑造。《江苏村庄环境整治五年行动规划》将村庄分为“古村保护型、人文特色型、自然生态型、现代社区型、整治改善型”等类型，提出要有针对性地实施分类整治，彰显特色[102]。

2. 第二阶段：特色田园乡村建设阶段

2017 年 3 月，江苏省住房城乡建设厅会同省委农工办、中国建筑学会、中国城市规划学会等单位，在昆山祝甸村召开了当代田园乡村建设实践研讨会。会上联合发布了《当代田园乡村建设实践江苏倡议》，提出要推进当代田园乡村建设实践行动，以渐进改善、多元参与的方式，营造立足乡土社会、富有地域特色、承载田园乡愁、体现现代文明的当代田园乡村。该倡议得到了江苏省委、省政府的高度重视。2017 年 6 月 20 日，江苏省委、省政府印发了《江苏省特色田园乡村建设行动计划》，提出特色田园乡村建设的目标是“生态优、村庄美、产业特、农民富、集体强、乡风好”，重点任务包括科学规划设计、培育发展产业、保护生态环境、彰显文化特色、改善公共服务、增强乡村活力等，并将特色田园乡村建设分为试点示范、试点深化和面上推动两个阶段。随后，江苏省启动特色田园乡村建设试点工作，首批确定了 45 个试点村庄，2018 年 3 月确定了第二批 25 个试点村庄，2019 年公布了第三批 66 个试点村庄。截止到目前，江苏省级特色田园乡村建设试点村庄数量达 136 个。

（二）江苏省乡村振兴战略的政策与实践

1. 政策体系

2018 年 5 月，江苏省出台了《中共江苏省委 江苏省人民政府关于贯彻落实乡村振兴战略的实施意见》。该意见提出按照产业兴旺、生态宜居、乡风文明、治理有效、生活富裕的总要求，协调推进乡村产业振兴、人才振兴、文化振兴、生态振兴、组织振兴。2018 年 11 月，江苏省发布了《江苏省乡村振兴战略实施规划（2018—2022 年）》，提出“本规划是指导全省未来一个时期实施乡村振兴战略的纲领性文件，也是编制区域和部门相关规划的依据”。该规划构建了乡村振兴新格局，即突出新型工业化、城镇化对乡村振兴的辐射带动作用，统筹城乡国土空间开发格局，优化乡村生产生活生态空间，分类推进乡村振兴，打造各具特色的现代版“富春山居图”。

2. 具体做法

2018 年 4 月，江苏省印发了《江苏省乡村振兴十项重点工程实施方案（2018—2022 年）》，明确现代农业提质增效工程、农民收入新增万元工程、美丽宜居乡村建设工程、乡风文明提升工程、万村善治推进工程、乡镇功能提升工程、农村基础设施和公共服务建设工程、脱贫致富奔小康工程、农村改革创新工程、农村基层党建创新提质工程十项重点工程。随后，《江苏省乡村振兴战略实施规划（2018—2022 年）》提出要以十项重点工程为重要抓手，积极促进乡村振兴各项任务落地见效。当前，江苏省出台的政策文件主要集中在现代农业提质增效、美丽宜居乡村建设、农村基础设施和公共服务建设三项重点工程。

第一，现代农业提质增效工程。一方面，积极推进农业绿色发展。2018年，江苏省相继制定出台了《省委办公厅 省政府办公厅印发〈关于加快推进农业绿色发展的实施意见〉的通知》（苏办发[2018]3号）、《省政府办公厅转发省农业农村厅等部门关于推进畜牧业绿色发展意见的通知》（苏政办发[2018]108号）、《省政府办公厅印发关于在苏南地区整体推进耕地轮作休耕促进农业绿色发展实施方案的通知》（苏政办发[2018]89号）等政策文件，积极推广轮作休耕技术和模式，首次纳入耕地轮作全国试点，并在全省推进畜禽粪污资源化利用，实现22个畜牧大县畜禽粪污资源化利用全县推进全覆盖。同时，在全省范围推广“戴庄经验”，加快生态农业建设，每年在全省选择10个以上县（市、区）开展省级生态循环农业试点建设。另一方面，大力开展农业品牌建设，提升农业发展质量。2018年江苏省启动“苏米”省域公用品牌创建、绿色优质农产品基地建设等工作，并于2019年提出“推进农产品质量安全示范省建设”，组织开展国家和省级农产品质量安全县创建，建立、健全、完善农业绿色生产技术体系、农产品安全标准体系、农产品质量追溯体系以及覆盖所有规模生产经营主体的监管体系。此外，江苏省还积极推送农业高新技术产业示范区建设，大力推动农业科技创新，并加快推动农业机械化发展，制定出台了《关于加快推进农业机械化和农机装备产业转型升级的实施意见》（苏政发[2019]46号），创新建立农业机械新技术、新产品储备库，提出入库名录可供各级政府财政项目采购和招投标使用。

第二，美丽宜居乡村建设工程。为推动美丽宜居乡村建设，江苏省出台了《江苏省农村人居环境整治三年行动实施方案》，着力推动农村生活垃圾、厕所粪污、生活污水、农业废弃物等治理，组织开展全域农村生活垃圾分类试点示范和资源化利用试点，2018年新增试点镇50个左右。在生活污水治理方面，开发了江苏省村庄生活污水治理信息系统，制定生活污水治理水污染物排放标准，新增村庄生活污水治理试点县15个。随后，江苏省农业农村厅、江苏省财政厅于2019年5月出台了《江苏省农村人居环境整治配套激励措施实施办法》，指出要对全省13个设区市的农村人居环境整治工作展开年度评价，评价内容包括组织管理、资金保障、工作成效等三个方面。对农村人居环境整治成效明显的县（市、区）在省级财政中给予一定的资金倾斜。另一方面，江苏省大力推进特色田园乡村建设，确定第二批25个特色田园乡村建设试点村庄。并于2019年出台了《江苏省美丽宜居村庄规划建设指南》，将美丽宜居乡村分为集聚提升型、特色保护型、规划新建型三类，从总体指引与建设指南两个方面科学引导农房建设和村庄特色风貌塑造。

第三，农村基础设施和公共服务建设工程。在农村基础设施方面，江苏省着力推动农村公路提档升级。2018 年 1 月江苏省出台了《省政府关于进一步加强“四好农村路”建设的实施意见》（苏政发 [2018]66 号）、《省政府办公厅关于印发全省农村公路提档升级工程三年行动计划（2018—2020 年）的通知》（苏政办发 [2018]94 号）。根据行动计划，到 2020 年，江苏省通行政村双车道四级公路覆盖率将达 100%。此外，江苏省还推动了村级配电网、信息基础设施、饮水安全设施等建设。在农村公共服务方面，开展农村无证幼儿园清理整顿，出台了《省政府办公厅关于全面加强乡村小规模学校和乡镇寄宿制学校建设的实施意见》（苏政办发 [2018]90 号），推进乡村小规模学校和乡镇寄宿制学校标准化建设，并提出“对寄宿制学校，按寄宿生人数年生均 200 元标准增加公用经费补助，所需补助资金由省财政统筹中央财政资金按不低于 50% 的比例对所有市县分档补助。对小规模学校，按 100 人安排生均公用经费，具体按每生每年小学生不低于 700 元、初中生不低于 1000 元核定公用经费和取暖费”。同时，江苏省还大力推进城乡一体的社会保障体系构建，印发关于建立城乡居民基本养老保险待遇确定和基础养老金正常调整机制的指导意见、统一城乡居民医保政策和待遇的具体办法等政策文件。

此外，江苏省还在农民收入新增万元工程、乡风文明提升工程、万村善治推进工程、乡镇功能提升工程、脱贫致富奔小康工程、农村改革创新工程、农村基层党建创新提质工程等方面，采取了一系列具体的政策措施。如在农民收入新增万元工程中，实施新生代农民工职业技能提升培训专项计划、推进农民工等人员返乡创业培训五年行动计划，部省联合开展省级创业型乡镇、村和园区建设。在乡风文明提升工程中，制定了《江苏省深化家庭文明建设行动计划》、江苏省特色文化之乡命名和管理办法等政策文件，部署推进 5775 个基层综合性文化服务中心年度建设任务，大力推进文化惠民。在万村善治推进工程中成立了省创新网格化社会治理机制工作领导小组，全省大力推广“政社互动”模式以及南通“五微三有”自治工作模式。在乡镇功能提升工程中，研究制定关于规范推进特色小镇和特色小城镇建设的实施意见，着力推动 56 个产业类省级特色小镇加快发展，探索建立省级特色小镇优胜劣汰竞争机制。在脱贫致富奔小康工程中，印发《关于加强资金收益扶贫及相关管理工作的意见（试行）》，研究制定江苏省《关于打赢打好脱贫攻坚战三年行动实施意见》。在农村改革创新工程中，着力开展农村集体产权制度改革整省推进试点，颁布《江苏省农村集体资产管理条例》，并出台完善集体林权制度实施意见和国有林场改革省级验收办法，推进国有林场改革和集体林权制度建设。在农村基层党建创新提质工程中，制定《村党群服务中心使用管理暂行规定》[103]。

三、广东省

（一）广东省乡村发展历程

1. 第一阶段：社会主义新农村建设阶段（2006~2009 年）

为响应国家号召，广东省着力开展社会主义新农村建设，2006 年 4 月发布了《中共广东省委广东省人民政府关于加快社会主义新农村建设的决定》。为推动社会主义新农村建设，广东省强调要加强镇村建设规划工作，积极探索村庄规划的编制方法和落实路径，大力推进村庄规划、村庄整治等工作。该《决定》提出要以村委会为单位编制新农村建设规划，明确各级政府要拨出专项经费用于新农村建设规划编制。同时，为解决农村“脏、乱、差”的问题，广东省启动了农村小康环保行动计划。2006 年 12 月，广东省编制了《广东省村庄整治规划编制指引》，明确村庄整治规划的编制原则，确定了规划编制的重点内容，针对珠三角地区、粤北山区提出了差异化的分类指导要求。

2. 第二阶段：宜居村镇建设阶段（2009~2014 年）

2009 年广东省出台了《中共广东省委办公厅 广东省人民政府办公厅关于建设宜居城乡的实施意见》（粤办发 [2009]24 号）、《广东省“万村百镇”整治技术指引》等政策，并提出实施“万村百镇”整治工程，从 2009 年起，全省每年确定 100 个镇、10000 个村为整治点，用 10 年时间把全省镇、村基本整治完毕。广东省人民政府办公厅相继出台了《关于加大统筹城乡发展力度夯实农业农村发展基础的实施意见》（粤发 [2010]10 号）、《关于加快推进珠三角地区城乡发展一体化的指导意见》（粤办发 [2010] 26 号）等多份文件，对广东省农村环境保护工作提出了具体的目标和要求。“十一五”期间广东省共获得中央“以奖促治”农村环保专项资金 5000 多万元，安排省级环保专项资金超过 2.5 亿元，重点支持 300 多个村镇开展农村环境综合整治，其中包括一批村庄开展连片环境综合整治（见表 6–3）。

广东省村庄整治的主要内容　　表6–3

主要任务	具体举措
改村道巷道	到 2009 年全省基本实现镇通村公路路面硬化，有条件的村要积极推进村道巷道路面硬化，并结合村道巷道建设推进生活污水排放暗渠化
改水	加快普及自来水步伐，让农民用上清洁卫生的自来水。建立和完善农村改水目标管理责任制，加强改水整体规划，提高工程质量，确保农村供水安全卫生
改房	加快农村危房、泥砖房和茅草房改造，2007 年前全省基本完成农村危房改造任务；科学规划、合理布局农房建设，进一步改善农民居住条件
改厕	按照环保、卫生的要求，以粪便处理无害化为目标，结合沼气池建设，清理露天粪坑，拆除废弃粪坑，加快农村家庭卫生厕所和卫生公厕的普及

续表

主要任务	具体举措
改灶	加快农民家庭炉灶改造，将烧柴大炉灶改造为沼气灶、煤气灶或节能灶。各级政府要加大投入，在农村大力推广使用沼气，有条件的村庄、农户家庭应基本普及沼气。鼓励规模养殖场兴建大中型沼气工程，改善农村的能源结构，促进农村环保建设

（资料来源：《中共广东省委广东省人民政府关于加快社会主义新农村建设的决定》）

自2011年起，为进一步带动农村宜居建设，广东省开启了特色村落的探索。2011年6月，广东省政府发布了《关于打造名镇名村示范村带动农村宜居建设的意见》（粤府[2011]68号），提出“从2011年起，用两年时间打造一批名镇、名村、示范村，通过样板示范，带动全省农村宜居建设”，并强调名镇名村的建设要善于挖掘和整合各地独特资源，在一个或多个领域形成较强的比较优势和创建亮点（见表6-4）。随后，广东省发布了《镇（乡）域规划导则（试行）》和《广东省名镇名村示范村建设规划编制指引（试行）》，要求各地参照指引，创新建设规划编制思路，编制高品质的建设规划。2012年，广东省开始全面开展贫困村规划编制工作，并于2013年开展了村庄规划摸查专项工作，建立了广州市村庄规划编制和信息化平台，探索了一套涉及人口、经济、土地、建筑、历史文化等内容的统一技术标准和完整的村庄数据库，形成了“3图14表”的标准化数据库。

广东省示范村、名村名镇的定义与建设要求　　表6-4

示范村	定义	经过农村环境综合整治、乡村景观改造和绿化美化建设，达到卫生村基本标准，村容整洁、环境宜人、设施配套、生活便利，适宜生存发展，具有示范作用的宜居村庄
	建设要求	1. 环境生态宜居——村内环境整洁，卫生条件良好，无垃圾乱丢弃、污水乱排放、杂物乱堆放、人畜混居、水道淤塞等现象，绿化美化水平较高； 2. 基础设施配套——农房整洁美观，道路、饮水、医疗、文化、电力、电视、通信等设施建设比较完善； 3. 公共服务完善——农村义务教育、医疗卫生、文化休闲、社会保障、计划生育等基本公共服务较完善，农民享有规定的公共服务保障； 4. 社会和谐稳定——农村基层党建、村民自治和民主管理制度完善，乡风文明，治安良好
名村	定义	达到了示范村建设要求，并具有一种或多种特色优势，农民生活达到较高的小康水平，拥有一定的知名度和美誉度，代表新农村建设水平和农村改革发展方向，代表广东省农村建设成果和形象的村庄
	建设要求	1. 列为名村的行政村，所辖的自然村应有一半以上按示范村的建设要求进行改造整治； 2. 依托自身条件，做强个性特点，在人文历史、自然生态、民居风貌、农业渔业、乡村旅游、基层建设和社会管理等一个或多个方面突出特色，打造成为主题突出、形象鲜明、内涵深厚、韵味独特的村庄，在保护乡村自然风貌和历史建筑、传承人文气息和传统文化、倡导文明风尚和现代生产生活方式等方面，具有较强的示范带动作用

续表

名镇	定义	符合小城镇建设发展规律，规划科学合理、主导产业突出、城镇功能完善、生态环境良好、生活水平较高，在产业形态、人文自然、公共服务等方面，特别是在宜居宜业、文明风尚、社会和谐、活力创新上，体现出较强特色和优势，具有较大的影响力和较高的知名度，辐射带动能力较强的镇（乡）
	建设要求	1. 根据其资源禀赋、区域位置、发展优势等要素条件，找准发展定位，突出个性魅力，形成带动效应，成为体现以工促农、以城带乡的平台，以小城镇发展带动社会主义新农村建设； 2. 因地制宜，宜工则工、宜农则农、宜商则商、宜旅则旅，着力打造特色工农业名镇、交通枢纽名镇、商贸中心名镇、生态山水名镇、历史文化名镇、特色旅游名镇等不同类型的名镇，壮大特色经济，体现节约集约导向，率先形成现代文明的生产生活方式，成为城市文明向农村地区传导、乡村生态向城市扩展的桥梁

（资料来源：广东省人民政府《关于打造名镇名村示范村带动农村宜居建设的意见》）

3. 第三阶段：连片示范探索新农村建设

2014 年 10 月，广东省出台了《广东省人民政府办公厅关于改善农村人居环境的意见》（粤府办 [2014]59 号），明确了提升农村人居环境质量的重点任务，包括解决农村危房问题、完善农村基础设施、农村社会服务网络建设、开展农村生活环境整治、加强农村生态环境保护、推进农村土地整治、推动新型农村社区建设、继续开展宜居示范村镇创建活动等。为进一步加强新农村建设，广东省逐步探索新农村连片示范区建设。自 2014 年开始，以县（市、区）为单位遴选了一批省级新农村连片示范区。广东省新农村连片示范工程的建设思路是，着力打造一批主体建设村，辐射带动周边 30~50 个（要求连片 2~3 个乡镇，5 个以上行政村）自然村开展村庄整治建。其中，村庄人居环境综合整治是省级示范片建设的基础性工作。目前，广东省已经在佛冈、连州、连南、阳山、乳源、龙川等地区的省级新农村示范片进行了新农村连片规划建设的探索，并首次提出了“组合抱团”建设的方法路径及“成片发展”的推广类型——用“统筹发展”的理念，实现连片区域内各村庄在“生产、生活、生态”等方面的全地域、全领域规划覆盖，提出“示范带动”和“就近带动”的乡村发展模式，推广示范村建设的成功经验，实现连片发展。2017 年，《广东省农村人居生态环境“十三五”规划》发布，其中明确整县推进乡村规划编制的思想，提出“以农房建设管理为主要内容，组织全省 20 户以上自然村编制村庄规划建设公约，”“针对一般村庄，在编制村庄规划建设管理公约的基础上，按照规划工作目标，以县（市、区）政府为责任主体，以县（市、区）为单元，整县推进乡村规划编制工作”。为保障整县推进乡村规划工作顺利开展，广东省提出为整县推进乡村规划建设提供信贷支持。

4. 第四阶段：美丽乡村建设

伴随着乡村振兴战略实施，广东省步入了全域推进生态宜居美丽乡村建设的阶段。

2018 年 9 月，广东省省委农办、南方报业传媒集团联合举办了寻找乡村振兴排头兵——首届“广东十大美丽乡村”“广东美丽乡村精品线路”系列活动。该活动在评选出 10个“广东十大美丽乡村”的基础上，还评选出 50 个“广东特色乡村”、20 条“广东美丽乡村精品线路”。

（二）广东省乡村振兴战略的政策与实践

1. 政策体系

2018 年 5 月，广东省印发了《中共广东省委 广东省人民政府关于推进乡村振兴战略的实施意见》，提出了广东省乡村振兴战略的重点任务包括大力发展富民兴村产业、全域推进生态宜居美丽乡村建设、焕发乡风文明新气象、创新基层治理体系、强化乡村振兴人才支撑、补齐乡村基础设施短板、补齐乡村公共服务短板、打好精准脱贫攻坚战、构建城乡融合发展的体制机制和政策体系 8 个方面。为保障乡村振兴战略的实施，广东省计划出台乡村振兴战略规划、质量兴农战略规划、农村公路发展规划、农村水利治理规划、农村物流建设发展规划、县（市）域乡村建设规划、村庄规划和村土地利用规划 6 项重大规划，并出台 44 项重大措施、23 项政策文件。随后，《广东省实施乡村振兴战略规划（2018—2022 年）》于 2019 年 7 月印发。在这一规划中，广东省根据其不同阶段的乡村振兴目标，提出了任务措施的侧重点，即“在全面建成小康决胜时期，重点推进农村人居环境整治、精准脱贫、‘一村一品、一镇一业’富民兴村产业发展和现代农业产业园建设等任务，加快补齐农村基础设施和公共服务短板；在开启全面建设社会主义现代化国家新征程时期，加快完善城乡融合发展体制机制”。

2. 具体做法

2019 年 4 月，广东省与农业农村部签署了《部省共同推进广东乡村振兴战略实施合作框架协议》。随后广东省人民政府办公厅印发了《农业农村部广东省人民政府共同推进广东乡村振兴战略实施 2019 年度工作要点》，明确了 2019 年广东省实施乡村振兴战略的 11 项重点工作，包括建立完善乡村振兴规划体系、大力发展富民兴村产业、深入推进农业绿色发展、创建广州国家现代农业产业科技创新中心、推进粤港澳大湾区农业建设、推进农村人居环境整治、加快补齐基础设施和公共服务短板、健全促进城乡融合发展体制机制、决战决胜脱贫攻坚、加强乡村治理和探索共同推进乡村振兴战略实施合作机制。截至目前，为乡村振兴战略实施，广东省主要采取了以下几项措施。

第一，大力推动现代农业产业园和“一村一品、一镇一业”建设。《中共广东省委 广东省人民政府关于推进乡村振兴战略的实施意见》中将现代农业园区建设作为富民兴村的重要措施，提出“2018 年启动建设 50 个省级现代农业产业园，到 2020 年创建100个省级现代农业产业园”。《广东省实施乡村振兴战略规划（2018—2022年）》则进一步提出“到2020年，力争全省建设150个省级现代农业产业园，”“形成‘百园强县、千亿兴农’的农业产业兴旺新格局”的目标。为此，广东省农业农村厅于2018年10月18日印发了《广东省现代农业产业园建设指引（试行）》。这一文件提出广东省现代农业产业园的主导产业主要集中在岭南水果、优质蔬菜、茶叶、花卉、南药、丝苗米、优质旱粮、食用菌、生猪、家禽、水产、油茶、剑麻等特色产业，并且园区产业发展要坚持“一园一产业”“一园一品牌”的思路。为进一步加大现代农业产业园的建设力度，广东省人民政府办公厅于2019年9月印发了《关于支持省级现代农业产业园建设的政策措施》（粤办函[2019]289号），从用地保障、财政和金融支持、税费减免、流通和品牌建设、基础设施建设、环境保护、科技与人才支持7个方面提出21项目具体的支持措施。如在用地方面，要求产业园所在地级以上市按照不低于50亩/园的标准一次性安排农业产业园用地指标；在品牌建设方面，农业产业园内新增认定的省级“菜篮子”基地，按规定每个补助5万元，农业产业园内通过农业农村部复查的国家定点市场，按规定每个补助20万元。此外，在推动乡村产业振兴方面，广东省还大力开展“一村一品、一镇一业”建设，出台了《广东省“一村一品、一镇一业”富民兴村三年行动方案（2018—2020年）》。随后，广东省政府决定自2019年起，连续3年整合筹措省级及以上财政资金超过30亿元，支持“一村一品、一镇一业”建设。2019年5月，广东省农业农村厅发布了《广东省农业农村厅“一村一品、一镇一业”建设工作方案》，对“一村一品、一镇一业”的建设原则、建设目标、建设条件、建设内容、职责分工、入库和审批、资金及使用管理等内容均作出了明确的规定。

第二，全域推进农村人居环境整治，积极开展生态宜居美丽乡村建设。2018年5月，中共广东省委办公厅、广东省人民政府办公厅印发了《关于全域推进农村人居环境整治建设生态宜居美丽乡村的实施方案》，提出到2019年年底前，广东省全省村庄完成“三清理”“三拆除”“三整治”的环境整治任务；到2022年年底前，粤东西北地区60%以上、珠三角地区80%以上行政村达到美丽宜居村标准。在这一文件中，广东省要求省、市、县安排生态宜居美丽乡村建设资金，省级按每个行政村平均1000万元的标准通过奖补方式支持粤东西北地区12个市的县、县级市，以及享受省级转移支付政策的县（区）。为推动生态宜居美丽乡村建设，广东大力实施“一十百千万”工程，即重点打造一个示范市、十个左右的示范县、百个左右示范镇、千个左右示范村，带动全省1万个以上村全面开展农村人居环境整治建设生态宜居美丽乡村。2019年，广东省选取了1个市、20个县、120个镇、1260个村开展示范创建，优先在沿交通线、沿省际边界、沿旅游景区、沿城市郊区打造一批精品村示范带。同时，为加强对生态宜居美丽乡村建设的规划、用地、资金等支持，广东省先后出台了《广东省人民政府关于印发广东省全面推进拆旧复垦促进美丽乡村建设工作方案（试行）的通知》（粤府函[2018]19号）、《广东省村庄规划编制指引（试行）》（粤建村[2018]169号）等文件，并计划未来10年在省级财政内投入1600亿元用于补齐农村人居环境和基础设施短板。

第三，深入推进农村土地、集体产权等各项改革，重点强化对乡村振兴的用地支持。为推动城乡建设用地“同权同价”，广东省大力支持集体和国有建设用地混合改造，在《广东省人民政府关于深化改革加快推动“三旧”改造促进高质量发展的指导意见》中，明确提出“对于纳入‘三旧’改造范围、位置相邻的集体建设用地与国有建设用地，可一并打包进入土地市场，通过公开交易或协议方式确定使用权人”。同时，为推动股份制改革，广东省先后出台了《关于稳步推进农村集体产权制度改革的实施意见》、《广东省人民政府办公厅关于加快推进农村承包土地经营权流转的意见》。在农村集体产权方面，广东省提出将集体经营性资产以股份或份额的形式量化到本集体成员，确权到户，发展多种形式的股份合作制。在农村承包土地经营权方面，广东省对土地股份合作的实现形式进行了创新，提出“农户可依法直接以承包土地经营权对公司和农民合作社出资，也可出资设立农民合作社或土地股份合作组织，或通过农民合作社以土地经营权出资设立公司”，并将开展地经营权入股发展农业产业化经营试点（2020年，在全省未实行土地股份合作制地区，每个县（市、区）选取1~2个乡镇推进试点）。此外，广东省还出台了《关于乡村振兴用地政策的补充意见（试行）》《广东省村土地利用规划编制三年行动方案（2018—2020年）》等政策文件，以保障乡村振兴的用地需求。为鼓励乡村土地复合利用，广东省允许利用温室设施上层提供乡村发展综合服务的生产服务功能设施建设，并支持农村集体经济组织以出租、合作、入股等方式盘活利用空闲农房及宅基地，用于发展民宿民俗、创意办公、休闲农业、乡村旅游等农业农村体验活动。同时，建立点状用地管理制度，“对实施点状用地的项目，可根据实际建设需要采取单个地块或多个地块组合方式供地”。

第四，以实施“头雁”工程为抓手全面加强党的基层组织建设，创新乡村治理体系。2018年，广东省委办公厅印发《广东省加强党的基层组织建设三年行动计划（2018—2020年）》提出通过3年工作，推动党在基层的组织覆盖和工作覆盖更加有效，基层党建与基层治理结合更加紧密，并将大力实施“头雁”工程。随后，广东省明确了基层党组织“头雁”工程是一项重要的基础性工程，在全面摸底排查1.97万个村的党组织书记履职情况的基础上，坚决调整撤换政治上不合格、经济上不廉洁、能力上不胜任、工作上不尽职的村党组织书记。同时，注重在农村外出务工经商人员、农村创业致富带头人、返乡大学生、退休干部等群体中培养优秀党员担任村党组织书记。在实施“头雁”工程的基础上，广东省还开展了党组织第一书记统筹选派工作，从各级党政机关、企事业单位、高等院校、科研院所等单位中，把思想政治好、道德品行好、组织能力强、有培养前途、愿意和适合为农村基层工作服务的优秀党员干部选拔出来，由省统筹、市县具体安排赴村担任第一书记。在强化乡村基层党建工作的同时，广东省还提出要依托村民议事会、村民理事会、村民监事会等组织形式，积极探索乡村自治模式，完善自治、法治、德治相结合的乡村治理体系。

第五，着力开展各种形式的助农活动。一方面，广东省开展了“万企帮万村”行动，2019 年 4 月推动广东省乡村振兴“万企帮万村”对接信息平台上线，该平台实现了全域覆盖，覆盖广东省全部行政村、自然村。目前已有 10518 个行政村和 39090 个自然村上传资源信息和发布帮扶需求，2292 家企业实现结对帮扶 2653 个村，投入资金 31.19 亿元助力乡村振兴。另一方面，推动供销合作社新型乡村助农服务示范体系建设。根据 2019 年 3 月出台的《广东省人民政府办公厅关于印发供销合作社新型乡村助农服务示范体系建设实施方案的通知》（粤办函 [2019]46 号），到 2020 年，广东省建成 100 个县域助农服务综合平台和 1000 个镇村助农服务中心。助农服务综合平台（中心）的服务内容包括农资农技推广应用服务、冷链物流配送服务、农产品日用品双向流通服务、农业机械服务、农村产业融合服务等。

第三篇

实证研究：
以东莞市为例

第七章　东莞市的城市微更新与乡村振兴

第一节　东莞市城市更新政策

一、东莞市城市更新的发展历程

总体来看，东莞市的城市更新发展大体经历了三个阶段。

（一）第一阶段：政策探索调整阶段（2009~2012 年）

改革开放以来，以珠三角为核心的广东地区大力发展外向型经济，积极引进“三来一补”企业，带动了大量制造业和外来流动人口进入，造成城乡建设用地迅速扩张，土地开发强度日益逼近生态临界点。同时，由于缺乏合理的规划和有效的控制政策，许多集体经济组织绕开《土地管理法》和市、镇政府，直接与投资者签订集体土地使用权出让协议，将集体土地通过挂靠、租赁等方式供其他个人和单位使用，加上村民乱占耕地、私建房屋的状况越来越普遍，导致以珠三角为核心的广东地区土地资源浪费严重，建设用地后备资源日趋不足。为解决这些问题，珠三角地区各地市陆续出台了有关旧城镇、旧村庄和旧厂房改造的系列政策，如深圳市出台了《深圳市城中村（旧村）改造暂行规定》（深府 [2004]177 号文），佛山市出台了《关于加快推进旧城镇旧厂房旧村居改造的决定》（佛府 [2007]68 号文）。广东省也开展了节约集约用地试点示范省建设工作：2008 年，广东省与国土资源部签署了《关于共同建设节约集约用地试点示范省的合作协议》，以省部合作的方式在广东省开展节约集约用地试点示范省的工作；2009 年 2 月，发布了《广东省建设节约集约用地试点示范省工作方案》。其中，“三旧”改造成为广东省开展节约集约用地试点示范省建设工作的重点。2009 年 8 月，广东省人民政府发布《关于推进“三旧”改造促进节约集约用地的若干意见》，同年 11 月，广东省人民政府办公厅发布

《转发省国土资源厅关于“三旧”改造工作实施意见（试行）的通知》，以“三旧”改造为代表的城市更新工作正式在广东全省范围内推广。

早在2006年东莞市就开展了整治旧村的工作。作为广东省四个“三旧”改造试点市之一，东莞市于2009年出台了《东莞市实施“三旧”改造土地管理暂行办法》《东莞市已建房屋补办房地产权手续总体方案》《东莞市推进“三旧”改造工作方案》等政策文件，开展“三旧”改造试点工作。随后，在省级政策的指导下，2009年12月，东莞市政府出台了《东莞市“三旧”改造实施细则（试行）》《东莞市“三旧”改造单元规划编制指引（试行）》，东莞市“三旧”改造工作也从部分试点转向全面实施。

在此阶段，东莞市成立了东莞市“三旧”改造领导小组作为组织领导机构，统筹推进全市“三旧”改造等相关工作，并成立了市“三旧”改造领导小组办公室负责东莞市“三旧”改造领导小组的日常性工作机构。并印发了《〈东莞市“三旧”改造实施细则〉操作指南》（东三旧办[2009]1号）等文件，对“三旧”改造过程中的土地、规划、审批、开发等问题作出较为明确具体的规定。此阶段东莞市“三旧”改造主要秉持“政府引导、市场运作”的原则，在市场主导运作的情形下，“三旧”改造项目的主要特点为市场自发推动改造，改造类型以房地产开发项目为主。

（二）第二阶段：政府主导稳定阶段（2013~2017年）

经过几年的探索与实践，广东省“三旧”改造工作取得了显著的成效，并获得了国家层面的肯定与认可。2013年，国土资源部批复同意《广东省深入推进节约集约用地示范省建设工作方案》，“三旧”改造政策延续并长期化。在此背景下，2013年11月，东莞市人民政府办公室印发了《关于建立健全常态化机制 加快推进“三旧”改造的意见》（东府办[2013]151号）。该文件明确提出东莞市“三旧”改造工作要从侧重地产开发转向侧重产业提升转变，并实施“三旧”改造单元管控，推动改造模式向政府主导、成片改造转变。为具体落实东府办[2013]151号意见，东莞市政府于2014年12月出台《关于加强“三旧”改造常态化全流程管理的方案》（东府[2014]147号），对“三旧”改造的改造区域、主导方式、改造类型、规划管控、管理机制等进行了转变，建立城市更新单元统筹机制，促进东莞市“三旧”改造工作进入常态化稳定实施的阶段。2014~2017年，东莞市共编制37个“三旧”改造单元，基本建立起改造单元统筹、市场主体准入、年度实施计划、批后监管和项目退出的“三旧”改造常态化机制。

从组织机构上来看，这一阶段，东莞市暂保留原市“三旧”改造领导小组及办公室，继续作为议事协调机构开展相关工作。同时，在市土地储备中心的基础上整合组建“市城市更新与土地整备中心”，隶属市国土资源局管理，增加指导城市更新与改造工作职责；此外，在组织机构方面还健全全市“三旧”办公室成员单位联络员会议制度，形成常态化的信息沟通、议事决策机制。

（三）第三阶段：政府统筹变革阶段（2018 年至今）

2018 年，随着粤港澳大湾区战略的逐步落地以及广深港澳科技创新走廊的规划建设，作为“国际制造名城”的东莞市受到两大利好政策叠加作用，城市更新的新格局、新浪潮正逐步开启，城市存量土地在未来会进一步得到释放。为推进布局新形势、新机遇下东莞市的城市更新工作，适应新时代下东莞市城市更新工作需求，2017 年 12 月，时任东莞市市长梁维东同志（现任市委书记）在“清溪现场会”上，对城市更新工作提出一系列新的工作要求，要求城市更新工作与规划管控结合，尽快编制新一轮城市更新专项规划。2018 年 1 月，《东莞市人民政府关于推动美丽东莞建设满足人民日益增长的优美环境需要的若干意见》（东府 [2018]1 号）提出“健全城市更新局工作机制，出台城市更新实施办法，修编城市更新专项规划，组建市属企业牵头的城市更新基金”。2018 年 8 月 15 日，东莞市发布了《东莞市人民政府关于深化改革全力推进城市更新提升城市品质的意见》（东府 [2018]102 号，以下简称 102 号文件），提出加快构建“政府统筹、规划管控、产业优先、完善配套、利益共享、全程覆盖”的城市更新新格局，并对东莞市的城市更新规划管控、更新改造模式等内容均进行了明确。

在组织机构方面，东莞市于 2017 年 11 月 22 日挂牌成立了城市更新局作为全市城市更新工作的常设机构。2018 年增设了控规与城市更新委员会，主要负责对控制性详细规划、控规调整草案以及城市更新相关方面的工作事项进行审议。

二、迈向微更新的东莞市城市更新政策构建

“102 号文件”明确提出“鼓励活化更新和生态修复”，力争未来 3 年实现“其他活化更新、‘微改造’等约 3000 亩”。2019 年 4 月，东莞市公布了《东莞市人民政府关于拓展优化城市发展空间 加快推动高质量发展的若干意见》，明确提出拓展与优化城市发展空间（以下简称“拓空间”）是东莞参与粤港澳大湾区建设的战略支撑，也是东莞市实现高质量发展的突出任务。同时，明确提出“鼓励‘三不变’（即土地性质不变、产权归属不变、建筑主体结构不变）的镇村工业园改造提升，允许合计增建不超过现状建筑面积 15% 的电梯、连廊、楼梯、电房、食堂等辅助性公用设施，由改造主体负责直接实施，”“鼓励镇街（园区）统筹村（社区）存量房屋（含产权手续不完善，但权属清晰无争议的存量房屋）……指导改造主体合理控制改造成本，通过微

改造的绣花功夫，提供低成本、高品质的居住空间”。

围绕城市更新，东莞市各部门结合各自工作职责发布了《关于印发〈东莞市城市更新单元划定方案编制和审查工作指引（试行）〉的通知》（东自然资 [2019]144 号）、《关于印发〈东莞市“三旧”改造标图建库申报和审查指引〉的通知》（东国土资 [2018] 363 号）、《关于试行〈东莞镇街城市更新专项规划编制指引（试用稿）〉的通知》（东规发 [2018]36 号）、《东莞市人民政府办公室关于印发〈东莞市城市更新单一主体挂牌招商操作规范（试行）〉的通知》（东府 [2019]29 号）、《关于印发〈东莞市城市更新单元（项目）“1+N”总体实施方案审批操作细则（试行）〉的通知》（东自然资 [2019]140 号）、《东莞市人民政府办公室关于印发〈东莞市新型产业用地（M0）管理暂行办法〉的通知》（东府 [2018]112 号）、《关于印发〈东莞市新型产业用地（M0）地价管理实施细则〉的通知》（东自然资 [2019]174 号）、《关于印发〈东莞市新型产业用地（M0）项目贡献产业用房管理实施细则〉的通知》（东投促 [2019]25 号）、《关于印发〈东莞市城市更新有关财政分成申请指引〉的通知》（东自然资 [2019]279 号）、《关于印发东莞市城市更新地价计收和分配办法（修订）的通知》（东府办 [2019]44 号）等政策文件。

当前，东莞市已经初步构建起以“102 号文件”为改革纲领性文件，涵盖标图建库、专项规划、单元划定、挂牌招商、实施方案等方面的城市更新政策体系（见图 7–1）。

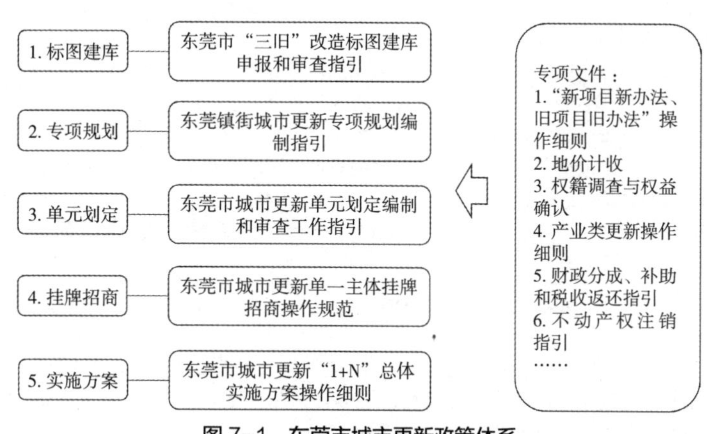

图 7–1　东莞市城市更新政策体系

（一）对以活化更新、生态修复为核心的微更新给予了明确的政策指引

新时期背景下，东莞市“拓空间”不再是传统的无序蔓延或大拆大建式的空间拓展，而是转向以内涵挖潜的方式来拓展和优化城市发展空间，更加强调推动城市微更新。

一方面，在全市层面，将茅洲河、石马河、运河等水体周边地区的生态修复等纳入城市更新改造的重要地区，并将活化更新、生态修复的相关内容纳入各个片区的优先更新改造区域中（见表 7–1）。

东莞市优先更新改造区域　　表7–1

片区	优先更新改造区域
城区片区	1. 结合城际线、轨道线建设，环城路以内重点完善商住服务与公共服务功能，打造高品质城市中心；环城路以外加快工业转型升级，打造现代产业集聚区。 2. 围绕东江南支流、东莞水道、汾溪河，做好“三江六岸”的水文章，建设滨水城市，提升中心城区整体形象。 3. 高水平谋划环同沙地区的发展，优化山水特色格局。 4. 加强莞城历史城区、万江下坝村等的历史保护与更新活化，延续和传承历史文化资源
松山湖片区	1. 以松山湖（生态园）为核心，加强大朗、大岭山、东坑、茶山、寮步、石排等周边辐射地区的产业升级与城市升级，形成全市“创新引擎”。 2. 重点加快推进中子科学城、东莞火车站地区等重点地区的更新改造。 3. 加强南江古村、西溪古村等更新活化，完善寮步文化休闲区等建设，打造文化休闲网络
滨海片区	1. 统筹推进广深高铁沿线及周边地区的更新改造，重点打造“厚街—虎门—长安”对接广深发展的黄金走廊。 2. 加快虎门高铁站周边地区的城市更新，形成联系广深、展现城市形象的重要节点。 3. 依托威远岛丰富的海岸资源以及独特的近代历史资源，打造华南地区文化旅游地
水乡新城片区	1. 以水乡为特色，以生态文明建设为主线，加强对水乡特色村落的更新活化以及其他滨水地区的生态修复工作。 2. 重点推进水乡新城及周边地区的更新改造，促进与广州知识城、增城开发区等协调发展。 3. 加快两高一低企业清退，推进临港产业基地的升级和完善，打造穗莞临港产业合作平台
东南临深片区	1. 以赣深高铁塘厦站为中心，推进高铁站周边地区、塘厦 138 地区、樟木头樟洋片区等地区的建设，打造高品质城市发展平台。 2. 加强塘厦石潭埔和 128 工业区、清溪银山和清湖片区、凤岗东深二路沿线产业集聚区等地区“工改工”，打造多个对接深圳高新产业转移的创新节点。 3. 加快推进塘厦大坪、凤岗官井头、天堂围、雁田等门户地区，以及清溪聚富路等沿线片区、凤岗中心区、樟木头中心区等各镇中心区的更新改造，提升城市品质与形象，对接深圳发展。 4. 加强客家特色村落的更新活化与运作，保护和传承历史脉络。 5. 严格保护银瓶山、巍峨山、大屏山、黄甫山等山水生态绿核，建立组团隔离绿带，逐步推进相关地区的生态修复工作
东部产业园片区	1. 重点围绕常平火车站周边、轨道 TOD 地区以及高速路出入口地区开展更新改造，拓宽城市发展空间。 2. 推进粤海产业园周边地区“工改工”，发展高端装备制造业，激活东部产业园片区。 3. 对边村、邓屋村、迳联村等传统村落进行更新活化，构建各镇特色文化界面，重塑埔田风貌，形成区域性的都市田园休闲中心。 4. 推动东江、寒溪河、石马河沿线、黄牛浦水库周边的生态修复工作

（资料来源：东莞市自然资源局《关于试行〈东莞镇街城市更新专项规划编制指引（试用稿）〉的通知》）

另一方面，将活化更新作为镇街旧城、旧村、旧工业区更新改造的一种重要方式。在《关于试行〈东莞镇街城市更新专项规划编制指引（试用稿）〉的通知》中，针对旧城提出“以提升环境与优化配套设施为目标，采取整治活化为主的更新方式，审慎开展拆除重建”；针对旧村提出“以转变生活环境和完善配套为目标，结合现状建成情况，通过拆除重建与活化整治并举，积极引导旧村转型升级”；针对旧工业区提出“统筹采取拆除重建、综合整治、功能改变等多种方式更新”。

此外，为加强各类主体对历史建筑更新活化的积极性，东莞市将对历史建筑的修缮和整治纳入在建筑面积奖励政策中。

（二）以更新单元为基本单位，建立四级城市更新规划管控体系（参考政策图解）

“102 号文件”中，提出建立“全市城市更新专项规划—镇街城市更新专项规划—更新单元划定—前期研究报告”的四级规划体系。在《关于试行〈东莞镇街城市更新专项规划编制指引（试用稿）〉的通知》（东规发 [2018]36 号）中，对城市更新专项规划的性质进行了明确，提出“城市更新专项规划是指导和统筹镇街（园区）辖区内城市更新工作的纲领性文件，是城市更新改造必须严格遵循的法定规划，是城市更新规划编制、项目申报、审批及实施的主要依据”（见图 7–2）。

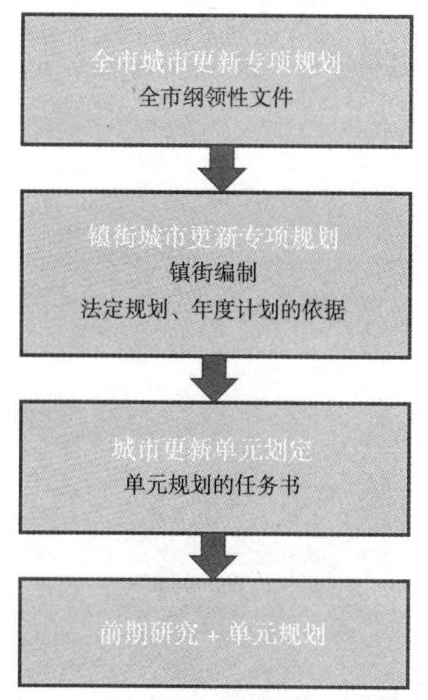

图 7–2　东莞市城市更新规划管控体系

1. 全市城市更新专项规划

东莞市城市更新专项规划的主要内容包括更新目标、政策分区、更新指引与策略、更新改造区域、公共设施要求等。根据《关于试行〈东莞镇街城市更新专项规划编制指引（试用稿）〉的通知》（东规发 [2018]36 号），东莞市城市更新专项规划的目标在于：

保底线——明确划定城市更新过程中对于生态保护、产业发展、文化传承、公共设施保障的底线。

拓空间——确定各镇街（园区）城市更新规模、更新改造的区域、更新时序等，拓展城市和产业发展空间。

优品质——补充公共设施短板，建设一批高品质的公办学校、专类公园、社会福利设施以及社区中心等。

与此同时，根据对东莞市城市发展结构的分析，在东莞市城市更新专项规划的政策指引中，确定了东莞市城市更新改造结构是“一带两环两片区”（见图 7–3）。在全市城市更新结构的基础上，东莞市还划定了 73 片优先更新改造区域（见图 7–4）。

此外，本轮东莞市城市更新规划还对政策分区进行了调整：以工业保护线代替产业保障区，以生态控制线代替生态保护区，更新储备区代替战略统筹区，并对历史文化及特色保护区进行了优化。在公共设施导向中，东莞市明确要重点关注老幼群体的需求，新建一批专类公园、养老设施和高品质的公办教育资源，同时注重社区综合服务品质提升与公共设施“补短板”，新建一批社区中心。

2. 镇街城市更新专项规划

东莞市提出镇街（园区）城市更新专项规划编制的内容应包含政策分区、更新目标与策略、更新资源盘整与更新方式、更新改造区域划定、更新功能指引、公共设施

图 7–3　东莞市城市更新结构图

（资料来源：东莞市自然资源局《关于试行〈东莞镇街城市更新专项规划编制指引（试用稿）〉的通知》）

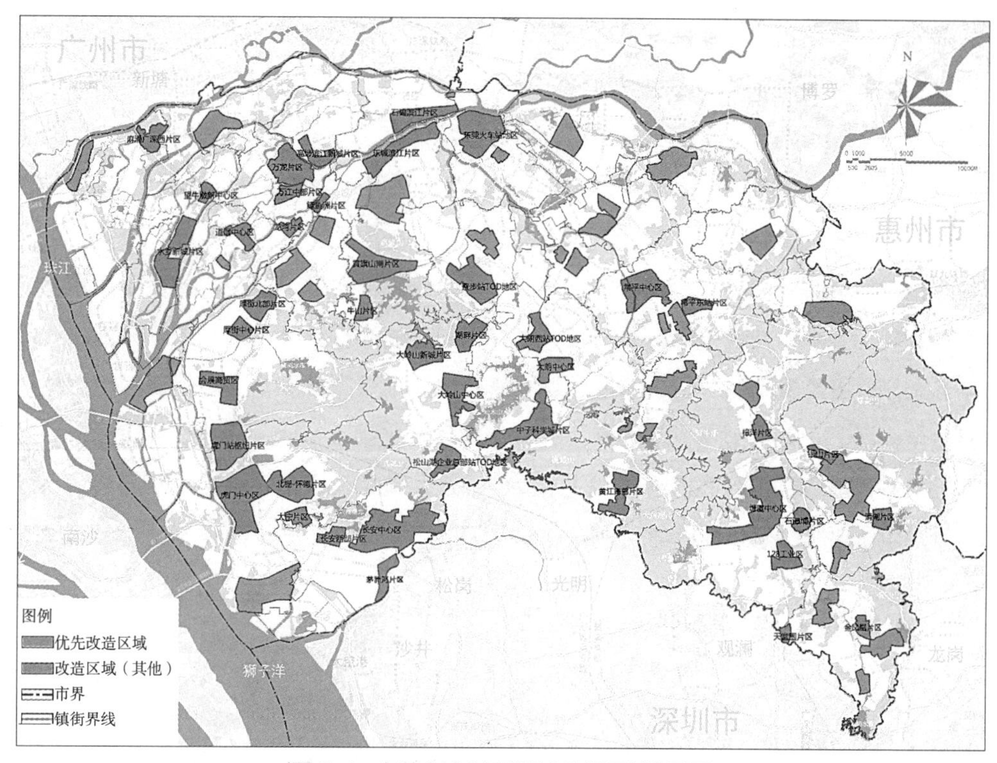

图 7-4　东莞市城市更新优先改造区域指引图

（资料来源：东莞市自然资源局《关于试行〈东莞镇街城市更新专项规划编制指引（试用稿）〉的通知》）

捆绑、单元划分及 2018 年更新单元划定等内容。

3. 更新单元划定

根据《关于印发〈东莞市城市更新单元划定方案编制和审查工作指引（试行）〉的通知》，更新单元是指在保证基础设施和公共服务设施相对完整的前提下，按照相关技术规范，综合考虑道路、河流等自然要素及产权边界等因素，划定具有一定面积、相对成片的改造区域，是城市更新规划、建设、监管的基本单位。更新单元包括 7 种类型：传统产业类更新单元（“工改工”更新单元）、新型产业类更新单元、产城融合类更新单元、居住类更新单元、商住类更新单元、综合类更新单元和公益类更新单元。东莞市规定，更新单元的规模原则上介于 150~500 亩之间。其中，市区（莞城、东城、南城、万江街道）、石龙镇范围内的更新单元面积可适当降低，政府主导改造、传统产业类改造、公益性改造及其他市政府特别批准的更新单元不受面积限制。此外，多个单元可合并形成一个大型改造片区，但面积不宜超过 1500 亩。

东莞市更新单元划定主要提出单元改造目标，明确更新范围、更新方向，依据上层次规划提出应在单元内配建的公共设施的内容、用地规模、建设主体和移交方式等要求。为此，东莞市更新单元划定方案应包含方案概况、大型改造片区统筹、区位和范围、现状使用情况、单元细分、更新模式、更新方向、用地贡献和公共配套设施、建设容量计算、控制性详细规划调整说明、其他、图集和附表等12个方面的内容。东莞市更新单元划定的审批包括窗口收件、技术校核、方案审查、集中审查会、批前公示、方案审批、批后公告等阶段，同时更新单元划定方案一经批准原则上不再调整。

4. 前期研究报告

前期研究报告包括三个部分的内容：一是报告正文部分，回应落实专项规划及更新单元划定要求，并对单元的开发建设量等规划条件进行计算论证；二是城市设计研究方案，可由经确认的改造主体组织编制修建性详细规划方案；三是控制性详细规划调整论证报告，落实用地方案细分、道路交通及市政设施评估、公共设施用地布局安排等，作为规划许可和办理土地供应手续的依据。前期研究报告由镇街政府编制，参考改造主体编制的修建性详细规划方案，同时充分吸收社会公众的意见。

（三）调整完善了容积率计算、公共设施配置等技术规范

1. 容积率计算

东莞市提出容积率的计算分为两个阶段。

第一，在单元划定阶段，主要是确定更新单元（项目）总建筑规模，按照以下公式确定：

地块总建筑面积≤基础建筑面积＋奖励建筑面积＋补偿建筑面积　（式7–1）

基础建筑面积＝基准容积率 × 组团特征修正系数 ×（1+特别政策修正系数）×（更新单元拆除范围面积－更新单元中集中贡献设施用地面积）　（式7–2）

对于混合用地的更新单元，更新单元的基准容积率计算如下：

FAR基准混合=FAR1×K1+FAR2×K2+FAR3×K3……　（式7–3）

式中，FAR基准混合指的是混合基准容积率，FAR1、FAR2、FAR3……指的是该更新单元基于单一用地功能的基准容积率，K1、K2、K3……指的是该更新单元各类功能建筑面积占总建筑面积的比例。

第二，在前期研究阶段，主要是确定各规划地块的建筑规模及地块容积率。前期研究阶段更新地块建筑规模按照以下公式计算：

规划地块建筑规模≤基础建筑面积＋奖励建筑面积＋补偿建筑面积　（式7–4）

规划地块建筑规模＝基准容积率 × 组团特征修正系数 ×（1–地块规模修正系数）×（1+周边道路修正系数）×（1+地铁站点修正系数）×（1+特别政策修正系数）× 地块面积　（式7–5）

此外，在基准容积率方面，东莞市还改变以往单一基准容积率的设置方法，转而

用以密度分区为基础，确定各地的基准容积率。在公共设施或其他用地无偿移交奖励面积上，东莞市也改变以往单一的 2.5 的修正系数，转而采取依据不同公共设施类型设置不同的奖励系数（见表 7–2、表 7–3）。

东莞市城市建设用地密度分区等级基本规定 表7–2

序号	市域密度分级	园区、镇街密度分区
1	高密度级	密度一区
		密度二区
2	中密度级	密度三区
		密度四区
3	低密度级	密度五区

（资料来源：东莞市自然资源局《东莞市城市更新单元容积率计算指引》）

东莞市城市更新项目建筑规模奖励标准 表7–3

类型	奖励标准
无偿移交高中、初中、小学、大型的文体设施（用地规模不少于 1 万平方米）、社区中心（用地规模不少于 8000 平方米，表达为 C3+C4 混合用地）、综合医院、专科医院、养老机构等公共服务设施，给水泵站、110 千伏变电站、燃气次高压调压站、雨水泵站、污水泵站、垃圾转运站、消防站等市政公用设施	用地规模的 3.5 倍
无偿移交政府发展备用地（每处用地规模不少于 3000 平方米，且形状规整可单独开发，可按政府要求规划为经营性用地、行政办公用地或其他市政设施备用地）的	用地规模的 2.5 倍
无偿移交道路红线宽度大于等于 24 米的干道，综合公园、专类公园、社区公园及社区体育公园（每处用地规模不少 6000 平方米,形状规整,平均宽度不少于 40 米）、文化设施用地（用地规模不少于 4000 平方米）的	用地规模的 2.5 倍
无偿移交集中成片的生态用地（E）的	用地规模的 1.5 倍
对高速公路沿线（高速公路中心线两侧各 70 米范围内）进行拆除，规划为生态用地和城市绿地（G1 除外）的	用地规模的 2.0 倍
对高速公路沿线（高速公路中心线两侧各 70 米范围内）进行拆除，规划为各类公园（G1）的	用地规模的 2.5 倍
对历史建筑或其他历史场所等实施修缮和整治，且承担其修缮、整治费用及责任的	用地规模的 1.5 倍
无偿移交公交首末站、社会公共停车场的	有效使用面积的 1.0 倍

（资料来源：东莞市自然资源局《东莞市城市更新单元容积率计算指引》）

2. 公共设施配置

在城市更新的公共设施配置方面，东莞市提出了“公共设施捆绑”。公共设施捆绑以镇街为单位。为确保公共设施能够落地，东莞市提出要在落实市属各部门和镇各部门要求的基础上，对全镇的公共设施规划进行评估，一方面是对城镇总体规划及相关专项规划确定的公共设施可实施性进行评估，另一方面是对已批控规规划公共设施的可实施性进行评估。在此基础上，建立形成公共服务设施捆绑实施的“台账”，并由镇街（园区）政府统筹安排，整合并筛选出需要通过城市更新落实的公共服务设施。

此外，东莞市还改变了以往“拆三留一”的政策，提出需要贡献的集中用地比例不低于拆除范围的15%，其中以旧村改造为主的不低于10%。

（四）创设单一主体挂牌招商模式

在“102号文件”中，明确提出“以更新单元为基本单位，创设单一主体挂牌招商改造和供地模式”。所谓“单一主体挂牌招商”指的是“一个更新单元原则上整体挂牌确定一个改造主体”。自此，东莞市的城市更新模式主要由政府主导、单一主体挂牌招商、权利人自改三种模式组成的。

单一主体挂牌招商分政府（集体）综合收益报价和不动产权益要约收购两个环节实施，采用“线上＋线下”方式交易。其中，政府（集体）综合收益包括实物性收益和地价款，采用实物收益固定（在挂牌招商公告中约定）、地价款网上竞价方式实施，报价最高者作为不动产权益要约收购的收购主体。同时，东莞市还提出集体经济组织的补偿方式应以物业补偿为主，物业补偿占比一般不低于60%。不动产权益要约收购环节采用网上公告、线下应答的方式实施，收购主体限期内完成100%不动产权益收购的，确认为成交方。要约收购限期为1~6个月。

城市更新单元按照单一主体挂牌招商模式实施改造的，包括前期工作、实施挂牌、实施方案编报、产权注销、土地供应及入库、实施监管、验收移交7个流程。其中，前期工作由镇人民政府（街道办事处）负责组织开展。在前期工作中，镇人民政府（街道办事处）应当征询更新单元拆除范围内全部不动产权益人的更新意愿，并取得权益土地面积合计占比和人数合计占比均达90%以上的不动产权益人书面同意的意见。

在单一主体挂牌招商中，东莞市还创新性地提出建立“前期服务商”制度，提出在单一主体挂牌招商的前期工作中，镇街政府可以政府采购等公开的方式招引相关专业机构或综合性开发企业等作为服务商开展前期工作（见图7–5）。

同时，东莞市的“单一主体”并不局限于挂牌招商的成交方，还提出成交方可以通过多种形式组建单一主体（见图7–6）。

（五）改革城市更新审批模式，实行“1+N”总体实施方案审批

为简化优化城市更新的行政审批流程，东莞市提出了整合从前期研究到土地供应环节报市政府审批事项，允许城市更新项目以“1+N”总体实施方案的方式申报审批。在实施“1+N”总体实施方案一次性审批后，东莞市取消前期研究报告的行政审查，

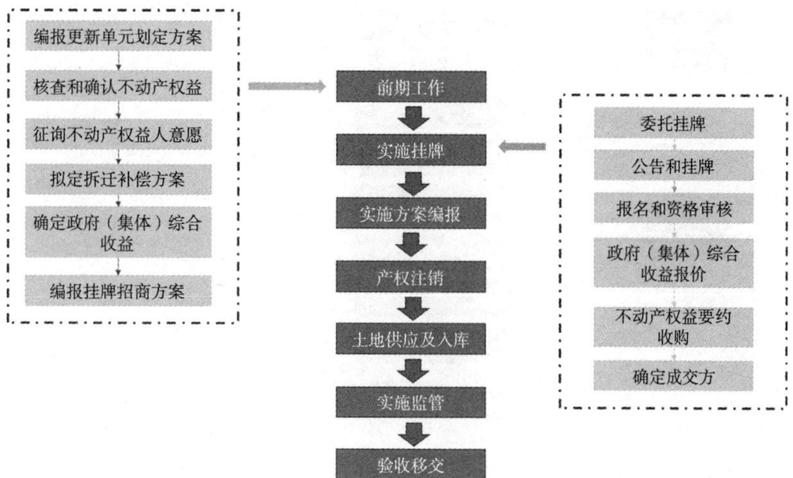

图 7-5　东莞市“单一主体”挂牌招商的基本流程

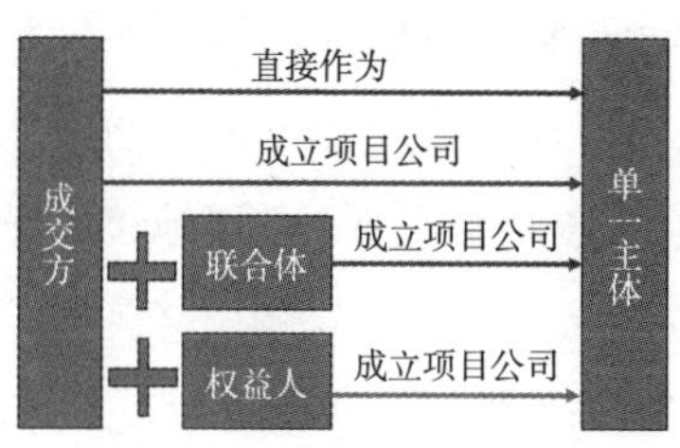

图 7-6　组建单一主体的方式

改为由第三方机构出具校核报告。同时，规划部门将提前介入，开展控制性详细规划调整论证报告、修建性详细规划方案技术审查。在“1+N”总体实施方案上报市政府审批通过后，规划部门不再另行审查。自此，东莞市将原有的“批次计划—控规调整—改造方案—征地—收地—收储—供地”的城市更新审批流程简化为“单元划定—挂牌招商—‘1+N’总体实施方案报批—控规调整—签订土地出让合同”，行政审批流程缩减到 6 个月内。

所谓“1+N”总体实施方案中，“1”指的是一份请示，“N”指的是原更新单元（项目）审批涉及的前期研究、改造方案、征地报批方案、收储方案、收地方案、供地方案等若干份方案（报告）。同时，东莞市明确了以“1+N”总体实施方案进行审批的城市更新类型：一是拆除重建和以拆除重建为主的更新单元（项目）通过编报“1+N”总体实施方案进行审批；二是针对非拆除重建的更新单元（项目）或以拆除重建为主的更新单元（项目）中非拆除重建部分，与拆除重建更新单元（项目）或拆除重建部分捆绑实施的，其实施方案一并纳入“1+N”方案进行审批；三是“工改工”（M1、M2、W）的更新单元（项目）不涉及完善建设用地及征地手续的，也可以按“1+N”方案合并申报改造方案和变更土地使用条件方案（见图 7-7）。

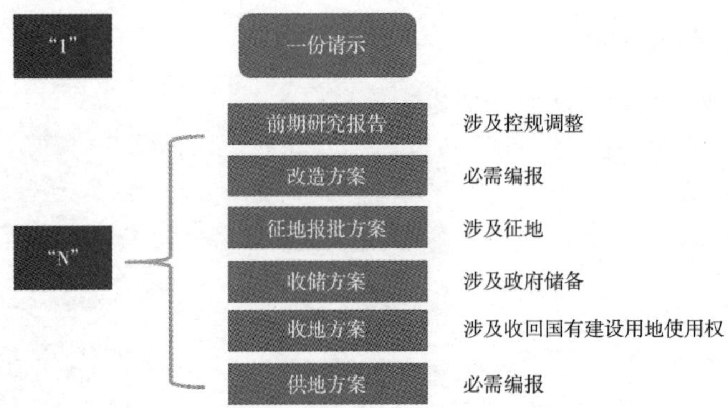

图 7-7 东莞市城市更新"1+N"总体实施方案图解

"1+N"总体实施方案的办理程序一般包括方案编制，方案受理、审查、审批和批后事项办理三个阶段。其中，"1+N"总体实施方案的编制主体是属地镇人民政府（街道办事处）。对于涉及控制性详细规划调整的更新单元（项目），则需委托乙级资质以上规划设计单位编制前期研究报告。"1+N"总体实施方案的受理主体是东莞市自然资源局，并由市自然资源局召集市相关部门、属地镇人民政府（街道办事处）、相关主体等对"1+N"方案进行审查。经过专家评审和公示后，"1+N"总体实施方案要上报市土地审批委员会（城市更新联席工作小组）审议，通过审议后报市人民政府批准（见图 7-8）。

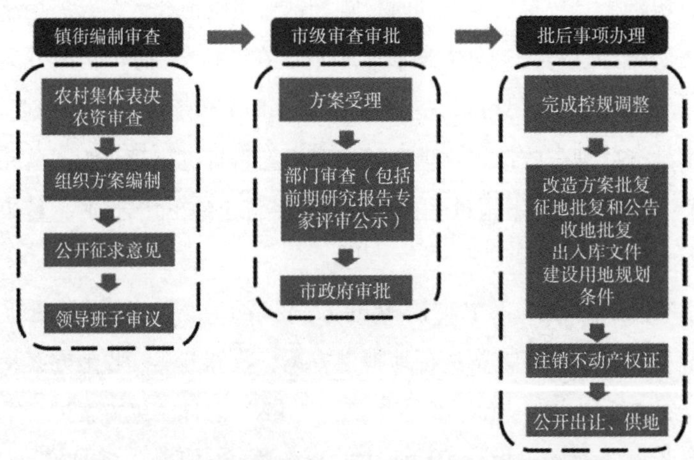

图 7-8 东莞市城市更新"1+N"总体实施方案办理程序

（六）强调保障产业发展空间

东莞市提出要以实体经济为优先，鼓励和支持通过城市更新保障产业特别是新兴产业发展的空间需求。一是东莞市划定了工业保护线，以保障工业、仓储、港口用地发展空间。2018年东莞市出台了《东莞市工业保护线管理办法》，明确了工业保护线分为工业红线和工业蓝线。其中工业红线是为保障城市产业长远发展而划定的，符合城市规划的工业用地保护线；工业蓝线是为稳定城市一定时期内工业用地总规模，将未来拟逐步转变功能的现状工业用地择优划定的工业用地过渡线。为保障产业发展需求，改善产业空间环境，东莞市提出鼓励工业保护线内推进连片“工改工”项目，并鼓励工业保护线内工业用地通过综合整治提升园区环境。随后，东莞市出台了《东莞市工业保护线专项规划》，明确东莞市工业保护线划定规模为420平方公里，工业保护线规模占建设用地的比例为34.7%。

二是东莞市调整完善了“工改工”项目的行政审批和财政补助政策。在行政审批方面，东莞市取消了原有的“工改工”年度计划准入制度，针对“工改工”项目实行随报随审。在财政补助方面，东莞市提出75亩以上的“工改工”项目竣工验收后五年内入驻企业形成的税收市财政留成部分（不含镇级），全额补助给改造主体。

三是支持实施“工改M0”项目。东莞市提出在城市更新范围内实施“工改M0（新型产业用地）”的，新型产业用地M0土地出让年限为50年，而通过其他供地方式获得的新型产业用地M0的土地出让年限为40年。同时，对于“工改M0”的城市更新项目，可采取协议方式出让（政府收储后再次供地的除外）。而对于采取新增用地供地方式的新型产业用地，则需采用招标、拍卖、挂牌方式公开出让。

此外，针对近期规划或专项规划中安排有产业用地的更新单元，东莞市提出需要空间产业用地的最低占比。具体计算公式如下：

$$\text{产业用地占比} \geqslant \frac{\text{专项规划（近期规划）产业用地} \times 85\%}{\text{（专项规划（近期规划）居住和商业用地} \times 66.7\%\text{）+（专项规划（近期规划）} \times 85\%\text{）}} \quad \text{（式 7–6）}$$

第二节　东莞市的乡村振兴政策

一、改革开放以来东莞市的乡村发展历程

（一）第一阶段：农业商品化发展阶段

20世纪80年代初，东莞市政府提出了“农业商品化”的战略。在绝不放松粮食生产的前提下，大力发展多种经营，积极发展农业工业、商业，逐步形成了一个农林

牧渔全面发展、农工商综合经营的结构。农林牧副渔产量大幅度提高，农业总产值从1978年的4.24亿元（当年价，下同）增至1984年的7.02亿元，推动了“传统农业社会”向“商品农业社会”的过渡。

（二）第二阶段：农村工业化和城镇化发展阶段

1984年，东莞市实施“向农村工业化进军”的发展战略，大力发展“三来一补”①企业与“三资”（中外合资、中外合作、外商独资）企业，推动农村经济由农业发展向工业发展转型。为加快“三来一补”企业及“三资”企业的发展，1985年，东莞市颁布了《鼓励外商投资的优惠办法》，积极实施外向带动战略，扩大招商引资的领域和规模。随后，东莞市农村工业化进入修建标准厂房、完善基础设施、优化外商投资环境，“三来一补”和“三资”项目并重的阶段。各地开始积极推动村镇工业区建设，其中村镇工业区又以村集体自发的工业区为主，其空间特点是呈现为分块式的工业空间。与此同时，东莞市村集体的发展模式从企业经营逐步转为土地经营，村级收入来源也逐步由集体企业利润转向“三来一补”企业的工缴费、土地批租所得的土地金（少量镇政府征收土地所获得的补偿款）及建设物业收取的租金这三大来源[104]。在外源型经济的带动下，东莞工业化进程迅速推进，1978~1993年，工业企业单位数由1290家增加到12449家，工业总产值由4.2亿元增加到267.67亿元[105]。

在完成工业化初始累积后，东莞市大力推动工业转型升级，调整优化工业发展结构。1994年10月，中共东莞市第九次代表大会作出推进“第二次工业革命”的决策，引导、促进全市工业由劳动密集型向技术密集型过渡，由数量型经济向质量型经济转变。继续实施外向带动战略，东莞市的民营经济开始起步，1990~1999年以加工、代工为主的中小民营企业快速发展。在此期间，村集体大力开展“民进公退”式的改制，将大多数村级集体经营性权益资产予以转让，村办企业纷纷转变为民营企业。村办工业企业成为东莞市民营企业的主体，2000年东莞市集体工业企业数量10184家，占全市工业企业数量的比重达60.0%。与此同时，为推动工业加速发展，东莞市各个镇级政府开始统一规划建设配套有完善公共设施和高水平环境品质的工业区。如1994年寮步镇开始统一规划建设百业、华南等四大工业区；1997年，长安镇开始建设第一个现代化工业园——安利科技园；2000年，厚街镇政府开始规划建设高标准厚街生态科技工业园。截至2000年，东莞工业园区有150个，其中市级工业园3个，镇级工业园区78个，村级工业园区69个（见图7–9）。

① “三来一补”是来料加工、来料装配、来样加工和补偿贸易的简称。

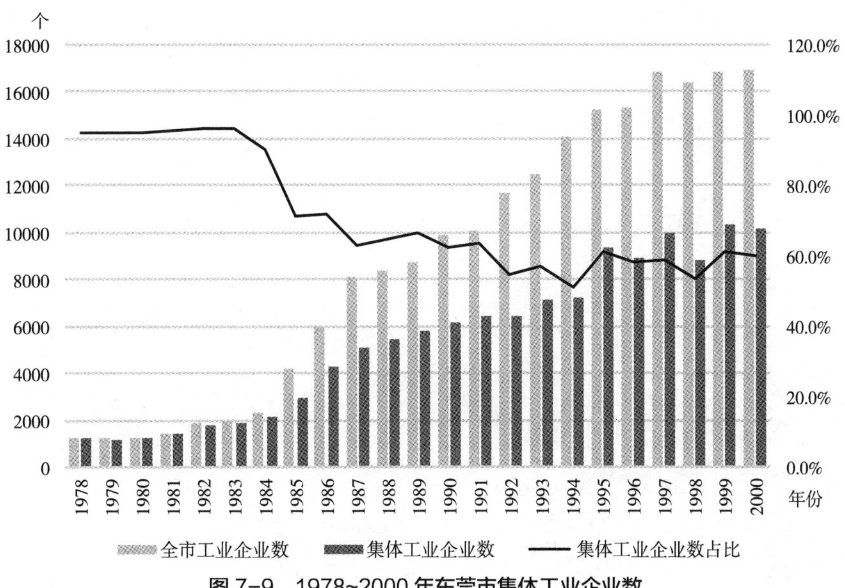

图 7-9　1978~2000 年东莞市集体工业企业数

（资料来源：东莞市统计局《东莞市统计年鉴 2018》）

伴随着东莞市农村工业化进程的推进，东莞市乡村户籍人口持续扩大，外来人口规模迅猛扩张。其中，乡村户籍人口由 1986 年的 96.53 万人增加到 2000 年的 113.00 万人，外来暂住人口规模则由 1986 年的不足 20 万人（15.62 万人）增加到 2000 年的 254.72 万人，增加了 15.6 倍（见图 7–10）。这一阶段，东莞市全市农村发展还呈现出用地城镇化、人口非农化的特点。20 世纪 90 年代初期，东莞市产业用地规模约为 30 平方公里，占建设用地的 32%，到了 2000 年左右，东莞市的产业用地规模达到 180 平方公里左右，占建设用地的比重为 40%(见图 7–11)。然而在此期间，东莞市户籍城镇人口增长却较为缓慢，仅由 1995 年的 35.38 万人增加到 2000 年的 39.61 万人，户籍人口城镇化率仅为 26.0%，较 1995 年仅提高了 1.4 个百分点（见图 7–11）。与此同时，东莞市的农业人口加速向二、

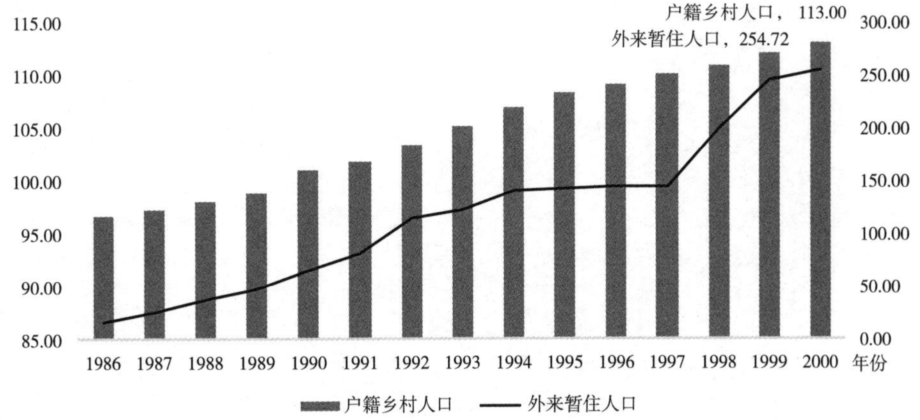

图 7–10　1986~2000 年东莞市户籍乡村人口与外来暂住人口规模变化（单位：万人）

（资料来源：东莞市统计局《东莞市统计年鉴 2018》）

三产转移。改革开放以来，东莞市乡镇农业从业人员持续减少，到 2000 年减少为不足 20 万人（18.93 万人），占乡镇从业人员总量的比重降到 30% 以下（26.0%）。在东莞市乡镇非农业从业人员中，从事第二产业的人口占据了主导地位。2000 年，东莞市乡镇从业人员中，从事第二产业的人员数达到了 36.27 万人，占乡镇从业人员总量的比重达到 49.4%，较 1978 年提高了 38.9 个百分点（见图 7–12、图 7–13）。

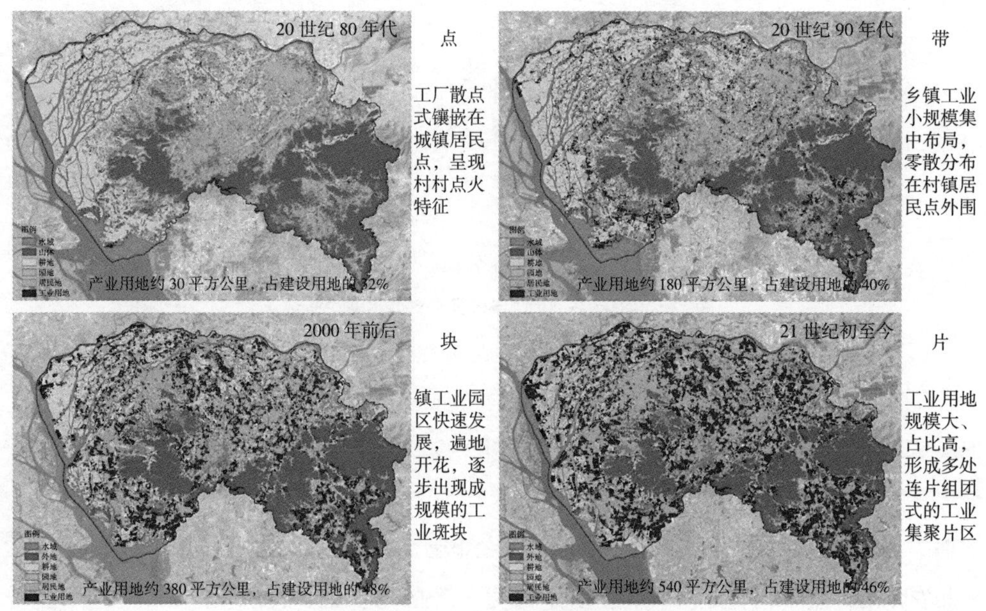

图 7–11 东莞市历年建设用地扩展趋势

（资料来源：东莞市人民政府政府《东莞市工业保护线专项规划》）

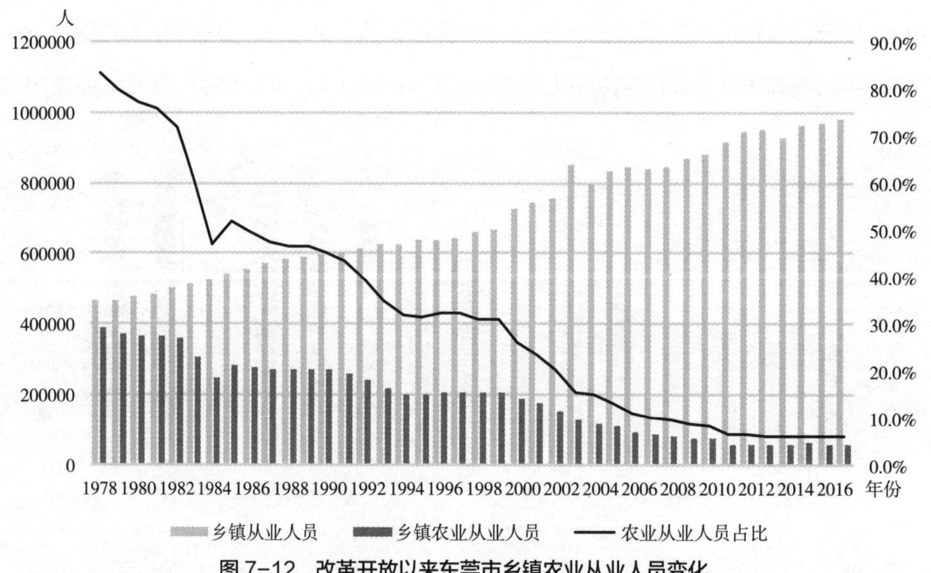

图 7–12 改革开放以来东莞市乡镇农业从业人员变化

（资料来源：东莞市统计局《东莞市统计年鉴 2018》）

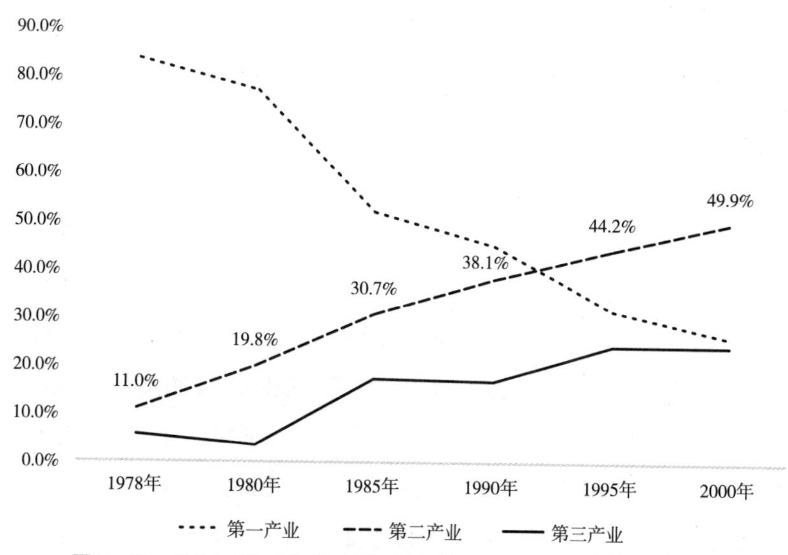

图 7-13 1978~2000 年间主要年份东莞市乡镇从业人员产业结构变化

（资料来源：东莞市统计局《东莞市统计年鉴 2018》）

（三）第三阶段：推动农村管理体制改革阶段

为扭转人口城镇化滞后于土地城镇化的趋势，东莞市着力推动了“村改居”工作。2002 年 10 月，东莞市市委、市政府颁布《关于推进村委会改社区居委会工作的意见》，率先在东城街道开展“村改居”试点。2003 年，“村改居”试点区域扩展到莞城、南城、万江三个街道。2004 年 5 月，东莞市政府印发《东莞市“村改居”工作实施方案》（东府 [2004]148 号），在全市铺开“村改居”工作。在推动“村改居”的同时，东莞市还开展了农村股份合作制改革。东莞市先后下发了《中共东莞市委 东莞市人民政府关于推进农村股份合作制改革的意见》和《关于印发东莞市农村股份合作制改革实施方案的通知》。自 2004 年 6 月起，东莞市全面铺开农村股份合作制改革。到 2007 年上半年，东莞市的东城、南城、万江街道和虎门、樟木头、长安镇已全面完成“村改居”工作。一方面，“村改居”后的乡村实行社区管理，村民委员会改为社区居民委员会，村党支部改为社区党支部。另一方面，由于“村改居”涉及农民身份的变更和集体资产的重新处置，为保障农民利益，东莞市推动“村改居”工作与农村股份合作制改革相互结合、共同推进。农村股份合作制改革的主要工作包括开展清产核资，界定配股对象，选举股东大会、董事会、监事会等。这一阶段，东莞市的农村改革以农村经济体制改革为主。至 2006 年底，东莞市农村股份合作制改革已基本完成，全市共建立 559 个股份经济联合社和 2499 个股份经济合作社 [106]，由于股东代表大会、董事会和监事会可分别与村民代表会议、村委会和村监事会实行一套人马管理，故农村管理体制的本质尚未改变，村（居）委会行政化倾向明显，社区服务体系不完善、“政企不分”等问题仍存在。

2009 年，东莞市印发了《关于推进村级体制改革试点工作的意见》，以黄江、厚街两镇为试点，实施村级体制改革。2011 年，东莞市进一步扩大了村级体制改革试点的范围，莞城街道、横沥镇、洪梅镇、石龙镇、中堂镇、长安镇、高埗镇 7 个镇街被纳入新一轮试点。东莞市村级体制改革试点的主要内容包括五个方面：一是针对村（居）委会行政化倾向问题，通过建立社区政务服务中心，承担现有村（居）委会负责的政务服务工作，弱化村（居）委会的行政管理功能；二是为强化村级集体经济管理，撤销村民小组一级建制；三是为加强农村治安管理，以镇街为单位统筹村级治安管理；四是以镇街为单位统筹村级环卫治理，创新公共服务运营模式；五是加强社区服务体系建设。2012 年，在村级体制改革试点的基础上，东莞市发布了《关于进一步深化农村管理体制改革的若干意见》。在进一步深化农村股权制度、社区政务中心建设等改革举措的基础上，针对"政企不分"的现象，东莞市启动了自治组织与经济组织分离的探索工作，提出"村（社区）自治组织从集体资产经营和经济运营中退出，不直接参与任何经济经营活动，主要负责村（居）民自治、社区服务和协助政务服务中心开展工作，村（居）委会主任原则上不再兼任集体经济组织领导成员"。

2013 年，东莞被国务院批准为全国农村综合改革示范试点市。随后，东莞市在农村产权制度改革、集体经济转型、农村社会治理和公共服务均等化等方面展开了众多改革探索。在农村产权管理体制方面，东莞市探索建设了农村集体资产监管服务平台，2014 年全面完成农村集体资产交易平台建设，建成镇级交易中心 32 个，村级交易点 372 个。2015 年 9 月，东莞农村集体资产网上交易平台上线。在集体经济发展机制方面，探索强化农村集体资产管理机构职能及队伍建设，鼓励集体经济探索组建物业管理公司或专门部门，并鼓励集体经济以信托、合作、入股、投资基金等多种方式，参与城市开发、产业投资、物业投资。2013~2015 年，东莞市各村（社区）共投入 112 亿元开展信托理财、银行投资等理财项目。在农村社会治理机制方面，东莞全市各村（社区）的党委、党总支、党支部全部改设党工委，作为镇街党委的派出机构，并对现有党务政务服务中心、综合服务中心等平台载体进行优化整合，打造统一的村（社区）综合服务管理中心，试行"直接办理""社区代办"等党务政务服务模式。在公共服务城乡一体化方面，东莞市设立了农村基本公共事务补助专项资金，专门对村（社区）负担较重的环卫、治安、行政管理等重大公共开支补贴，2013~2015 年累计补贴达 48.7 亿元。同时，东莞市以镇街为单位对各村的治安、环卫等事务进行了整合与统筹管理[107]。2017 年，东莞市进一步被确定为全国农村集体产权制度改革试点地区，继续深化完善农村股份合作制改革。

随着东莞市农村制度改革不断推进，东莞市的人口城镇化率有了显著的提升。2001~2014 年，东莞市户籍人口城镇化率由 26.2% 提高到 51.8%，大约翻了一番[①]（见图 7–14）。

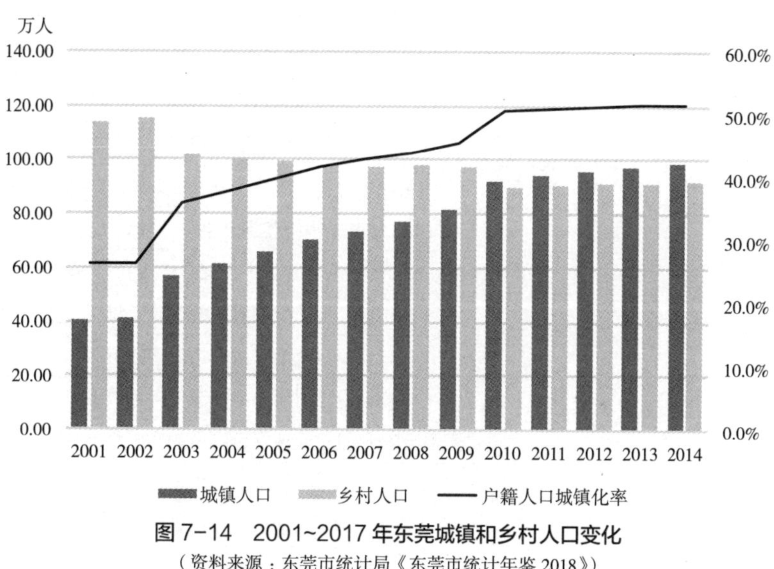

图 7–14 2001~2017 年东莞城镇和乡村人口变化

（资料来源：东莞市统计局《东莞市统计年鉴 2018》）

二、东莞市的乡村振兴政策

（一）政策体系

2018 年 8 月 21 日，东莞市发布了《中共东莞市委 东莞市人民政府关于推进乡村振兴战略的实施意见》（东委发 [2018]19 号，以下简称《东莞乡村振兴实施意见》），其配套政策为《东莞市推进乡村振兴战略工作方案》（以下简称《东莞乡村振兴推进工作方案》）。《东莞乡村振兴实施意见》从产业振兴、生态振兴、文化振兴、组织振兴、人才振兴、城乡融合发展、公共服务提升、区域协调发展八个方面，提出了东莞市乡村振兴的重点任务和举措。作为东莞市乡村振兴的总体纲领性文件，《东莞乡村振兴实施意见》明确要制定出台 5 项重大规划、17 项配套政策文件（表 7–4）。截止到 2018 年 9 月，《东莞乡村振兴实施意见》中确定的 5 项重大规划的编制工作已全部启动，17 项配套政策文件中已有 6 项已经或即将印发。2019 年 3 月，在总结 2018 年乡村振兴推进工作的基础上，东莞市印发了《2019 年东莞市实施乡村振兴战略行动方案》《2019 年东莞市农村人居环境工作要点》《2019 年东莞市实施乡村振兴战略重点任务分解表》和《莞版乡村振兴重点项目库》等一系列重要文件。

---

① 按建立城乡统一的户口登记制度要求，2015年起户籍户数和人口数按城镇和乡村划分，取消原来的农业和非农业的登记统计，数据与往年不可比，因此在这里不予考虑2015年后的户籍人口城镇化率。

东莞乡村振兴政策体系构建 表7–4

类别	名称
重大规划计划（5 项）	全市乡村振兴战略规划（2018—2022 年）
	市域乡村建设规划
	村庄建设规划
	村土地利用规划
	东莞市现代渔港建设规划
政策文件（17 项）	关于推进新东莞文明美丽乡村建设深化全域文明创建三年行动实施意见
	加强党的基层组织建设三年行动计划
	全域推进农村人居环境整治建设生态宜居美丽乡村实施方案
	引导全市特色小镇健康发展的指导意见
	关于促进村组集体资金有效利用的实施方案
	关于有效整合盘活村组土地资源的实施方案
	创新体制机制推进农业绿色发展的实施意见
	农民住房管理办法（修订）
	规范集体土地征收实施工作的管理办法
	提升城乡公厕服务水平工作方案
	基层党组织规范化标准化建设质量清单
	农村发展党员“村培镇管”办法
	次发达村（社区）创收能力巩固提升行动方案
	次发达镇产业发展专项资金竞争性分配机制
	推进家庭医生签约服务制度实施方案
	历史遗留违法建筑分类处理办法
	东莞市生猪定点屠宰场整合实施方案

（资料来源：东莞市人民政府《中共东莞市委 东莞市人民政府关于推进乡村振兴战略的实施意见》）

（二）具体做法

1. 明确了“全域项目化”的工作路径

为推动乡村振兴战略中的各项任务和工作落地，东莞市明确了以“项目化”为抓手的工作路径。按照“产业兴旺、生态宜居、乡风文明、治理有效、生活富裕”的乡村振兴战略总要求，2018 年东莞市首批启动了 63 个实事项目，总投资 325 亿元，其中，产业兴旺方面 15 个、生态宜居方面 33 个、乡风文明 4 个、治理有效方面 5 个、生活富裕方面 6 个。2019 年，在 2018 年 63 项实事项目的基础上，东莞市进一步提出了“全域项目化”的工作路径，将乡村振兴项目化的实施范围扩展到村组，组织各镇街（园区）围绕“五大振兴”选送乡村振兴项目 1077 个，并从中筛选出一批乡村振兴重点项目 140 个，建立起覆盖全域总投资达 357 亿元的“莞版乡村振兴重点项目库”。根据“莞版乡村振兴重点项目库”，东莞市筛选出的乡村振兴重点项目可分为产业兴旺、生态宜居、乡风文明、治理有效、民生保障 5 个类别（见表 7–5）。同时，东莞市明确提出要将“组织实施重点项目作为推进乡村振兴战略的重要抓手”，通过项目实施充分体现“五大振兴”的效果，并明确要将“莞版乡村振兴重点项目库”建设成为在广东省乃至全国范围内可复制、可推广的东莞特色经验。

东莞市2019年乡村振兴重点项目类型与数量　　表7–5

分类	重点项目的主导类型	项目投资标准	重点项目个数
产业兴旺	现代农业产业园、集体经济转型升级、农村“三旧”改造等项目	农业产业类 1000 万元以上，农村集体经济产业类 5000 万元以上	31
生态宜居	村庄环境综合整治提升、美丽幸福村居连片示范片建设、湿地公园、农村生活垃圾处理等项目	3000 万元以上的标准	47
乡风文明	文化服务阵地建设、社会主义核心价值观主题公园建设、村庄传统文化样板村建设等项目	500 万元以上的标准	15
治理有效	公共服务中心建设、“雪亮工程”视频监控、基层组织建设等项目	1000 万以上的标准	13
民生保障	基层社区卫生服务中心建设、学校建设、基础设施建设、创业就业、养老保障等项目	1000 万元以上的标准	34

（资料来源：东莞市农业农村局《2019 年东莞实施乡村振兴战略行动方案出炉》）

2. 重点推进农村人居环境整治，大力开展生态宜居美丽乡村建设

《东莞乡村振兴意见》明确提出全域推进农村人居环境整治，建设生态宜居美丽乡村。随后，东莞市将农村人居环境整治作为实施乡村振兴战略的重点任务推进，于 2018 年 8 月 2 日出台了《关于全域推进农村人居环境整治建设生态宜居美丽乡村的实施方案》，提出到 2020 年年底前，东莞市全部村（社区）达到干净整洁村，到 2022 年年底前，东莞市 80% 以上村（社区）达到美丽宜居村标准，并创建一批特色精品村。东莞市农村人居环境整治的重点任务包括开展以“三清理”“三拆除”“三整治”为核心的城乡环境综合整治、推进生活垃圾处理、推进生活污水处理、推进“厕所革命”、推进农村住房整治改造、升级改造公共交通配套设施、提升基本公共服务水平、提升村庄绿化美化建设水平、提升乡风文明水平 9 项内容。在城乡环境综合整治、生活垃圾处理方面，东莞市率先在广东省实行城乡“大环卫”管理，构建起完善的城乡市容环卫统筹管理标准体系，基本建成生活垃圾“村（社区）收集、镇街转运、市处理”的三级管理网络，并对全市现有 39 个重点垃圾填埋场开展整治，目前东莞市城乡生活垃圾无害化处理率基本达到 100%。在农村生活污水处理方面，针对偏远农村污水高

成本收集处理问题，东莞市投资约0.281亿元建成8座分散式污水处理设施。在农村“厕所革命”方面，截止到2018年底，东莞市完成重建（新建）公共厕所63座，升级改造公共厕所117座，农村卫生厕所普及率达99%以上。2019年，东莞市进一步开展了“行走东莞”专项行动，对各村（社区）农村人居环境整治工作进行检查督导，巩固农村人居环境整治成果。

为全域推进生态宜居美丽乡村建设，东莞市提出打造乡村建设精品工程，启动美丽幸福村居市级连片示范建设，2018年在万江、东城、长安等镇街启动了第一批3个美丽幸福村居特色连片示范区建设，2019年确定了第二批3个特色连片示范区建设。

与此同时，东莞市还将乡风文明建设纳入生态宜居美丽乡村建设中。在东莞市美丽宜居村与特色精品村的创建标准中，乡风文明均是一项重要的考核指标（见表7-6、表7-7）。东莞市下发了《关于推进新东莞美丽幸福村居建设 深化全域文明创建三年行动实施意见》，该意见提出了新东莞文明美丽村居建设“五大工程”26项工作，将从“硬环境”和“软环境”两个方面，全面提升东莞市乡村建设品质。

东莞市美丽宜居村创建标准　表7-6

创建类别	创建指标	创建内容
提升村容村貌	环境综合整治	完成“三清理”“三拆除”“三整治”，村容村貌干净整洁
	村庄美化绿化	1. 农户房前屋后院内、村道巷道、村边水边、空地闲地实现绿化美化； 2. 村域内现有水面、水质得到有效保护，河道水质达到功能区划要求，基本消除村庄黑臭水体
完善基础设施	垃圾处理	村庄收集点、保洁员及相关清洁设备配置齐全，生活垃圾实现定期有效收集转运处理
	污水处理	建有污水处理设施，村庄生活污水、畜禽养殖废弃物有效处理或资源化利用全覆盖
	厕所改造	基本完成“厕所革命”，实现农村无害化卫生厕所全覆盖。农村无害化卫生厕所管护长效机制健全
	集中供水	自然村集中供水覆盖率稳定达到100%
	住房管理	规范农村住房建设管理程序，基本实现外观整洁、建设有序和管理规范
	公共服务设施	1. 全面完成卫生服务站规范化建设、综合性文化服务设施建设和完善公共服务中心，具备自然村通安全优质电、通广播电视、通物流快递、通光纤信息网条件，行政村通客运车辆； 2. 根据群众需要建有幼儿园、养老设施、公厕、防灾减灾、治安防护、体育等配套及公益设施。完善村庄公共照明设施； 3. 完善优化停车场等公共设施配套，停车有序，解决村（社区）民停车难问题
	长效管护机制	1. 农村基础设施维护有稳定资金来源； 2. 建立村民参与村庄基础公共设施运行维护共管机制，村内有稳定的保洁、管水、治污队伍

续表

创建类别	创建指标	创建内容
建立发展机制	促进农民增收	培育发展有一定规模的特色产业，村闲置资产和资源得到有效盘活利用，农民广泛就业，村集体经济和农民收入持续稳定增长
完善基层治理	乡风文明	基本达到省级文明村创建要求，村庄物质文化遗产和非物质文化遗产得到有效保护修复和开发利用
	基层组织建设	建立和完善以党的基层组织为核心的农村组织体系。村规民约和民主公开制度比较健全，村党组织发挥村务监督委员会、自然村村民理事会、新乡贤及其他社会力量的作用明显，村民主动参与村内各项建设、监督和管护，没有发生涉农群体性事件

（资料来源：东莞市人民政府《关于全域推进农村人居环境整治建设生态宜居美丽乡村的实施方案》）

东莞市特色精品村创建标准　　表7–7

创建类别	创建指标	创建内容
提升村容村貌	生态环境优美	1. 乡村工业污染、农业面源污染以及农村垃圾、污水得到全面治理； 2. 美丽庭院创建取得明显成效，庭院经济持续发展； 3. 农户房前屋后院内、村道巷道、村边水边、空地闲地实现绿化美化，村庄绿化美化实现全覆盖
	长效管护完善	村道养护、村庄保洁、垃圾污水处理长效管护机制比较健全，各类基础设施持续有效运营，村民参与村庄基础公共设施运行维护共管常态化
	村庄布局合理	完成住房风貌整治，民居岭南特色鲜明，外立面基本统一
提升乡风文明	文化特色鲜明	1. 实现文明和谐，形成优良家风、文明乡风和新乡贤文化； 2. 建有小公园、球场、广场、礼堂等文体活动场所，定期开展文化体育活动； 3. 传统民居院落、古建筑、古驿道、抗战文物、红色文物等物质文化遗产得到有效保护和利用，生产、生活、民俗等非物质文化遗产得到传承发扬
产业特色发展	特色产业发展	农村一二三产业融合发展，培育发展休闲农业、乡村旅游、生态旅游、农村电商等新产业新业态，“一村一品”特色产业具备一定规模
	集体经济做强	农村集体经济组织健全，村内资产和资源得到有效利用，集体资产稳定保值增值，集体经济收入持续增加
	农民持续增收	新型职业农民不断增加，农民实现广泛稳定就业，创业创新氛围较好，农民财产性收入和经营性收入比重稳步提升，农民收入持续高于全省平均水平
强化基层治理	基层组织坚强	以党组织为核心的农村基层组织建设进一步加强，村党组织领导有力，基层党组织坚强战斗堡垒作用明显。具有较为健全的自治、法治、德治相融合的基层治理机制，乡村治理体系进一步完善，村民自治能力进一步提升，村内持续保持和谐稳定
	公共服务健全	群众需要的公益设施基本齐全，实现城乡基本公共服务均等化，完善村公共服务平台，村庄行政服务、金融保险、卫生、供销、农技推广、法律、旅游咨询等社区公共服务健全便捷

（资料来源：东莞市人民政府《关于全域推进农村人居环境整治建设生态宜居美丽乡村的实施方案》）

此外，东莞市还为农村人居环境整治、生态宜居美丽乡村建设提供技术、资金、用地等方面的支持。在技术方面，东莞市将建立乡村规划技术服务专家库，为各村开展村庄建设规划编制提供技术指导；在资金方面，2018~2022 年，东莞市财政将投入不少于 40 亿元，重点加强农村环卫、农村基础设施建设和美丽幸福村居连片建设等；在用地方面，东莞市提出“涉农镇（街道）可申请使用省每年安排专项用于保障农业新产业新业态、产业融合发展的用地指标，促进生态宜居美丽乡村建设”。

3. 大力开展村庄规划体系探索，强化乡村特色风貌塑造

为保障生态宜居美丽乡村建设，东莞市自然资源局从“市、镇、试点村”三个层级探索推动非法定“乡村建设专项规划”的编制工作。在市级层面，东莞市自然资源局组织编制了《东莞市乡村建设规划》，作为全市乡村建设的顶层设计，重点摸清全市村庄发展现状和诉求，明确村庄类型，划定乡村风貌区。在镇街层面，编制各镇域乡村建设规划，指导村庄具体建设。截至 2019 年上半年，已有 24 个镇街完成初步成果编制，其中 3 个已通过镇街领导班子审议同意。在村（社区）层面，有需求的村（社区）编制单村或连片的村庄建设规划，指导村庄高标准建设。截至 2019 年上半年，全市域范围已明确 60 条试点村，其中 48 条已完成初步成果编制。

根据《东莞市乡村建设规划》，东莞市 592 条村（社区）可分为城中村、半城中村、传统型农村三种类型，其中城中村型村庄 242 个，半城中村型 243 个，传统农村型 69 个。在乡村建设规划中，东莞市还高度重视乡村特色风貌的塑造，规划识别乡村特色浓郁地区划定为乡村建设风貌区，是国土空间规划划定乡村管理地区的重要依据，并以此为基础探索构建村庄规划管理体系，以更符合村庄的标准建设村庄（见图 7–15）。在此基础上，对村庄整体形态、分区控制、公共空间、塑造风貌、引导功能、控制空间、建筑高度、单体设计、公共建筑进行指引，并规划了岭南水乡片区、滨海风情片区、活力古城片区、多元民俗片区、田园文化片区、山地特色片区六个特色风貌区（见图 7–16）。

在探索建立乡村建设规划体系的基础上，东莞市积极推动了村土地利用规划编制。2018 年 10 月，东莞市国土资源局印发了《关于加快推进乡村振兴战略全面编制村土地利用规划及拆旧复垦工作的函》（东国土资 [2018]346 号），明确提出镇级人民政府是村土地利用规划编制的责任主体，并提出“2020 年底前，各园区、各镇要完成辖区范围内所有行政村村土地利用规划的编制工作”的目标。东莞市将村土地利用规划编制作为实施乡村振兴战略的重点工作，明确了村土地利用规划的编制要统筹安排农村各项土地利用活动，加强农村土地利用供给的精细化管理，并强调村土地利用规划的编制要加强与镇级土地利用总体规划、城市总体规划、环保、水利、林业、交

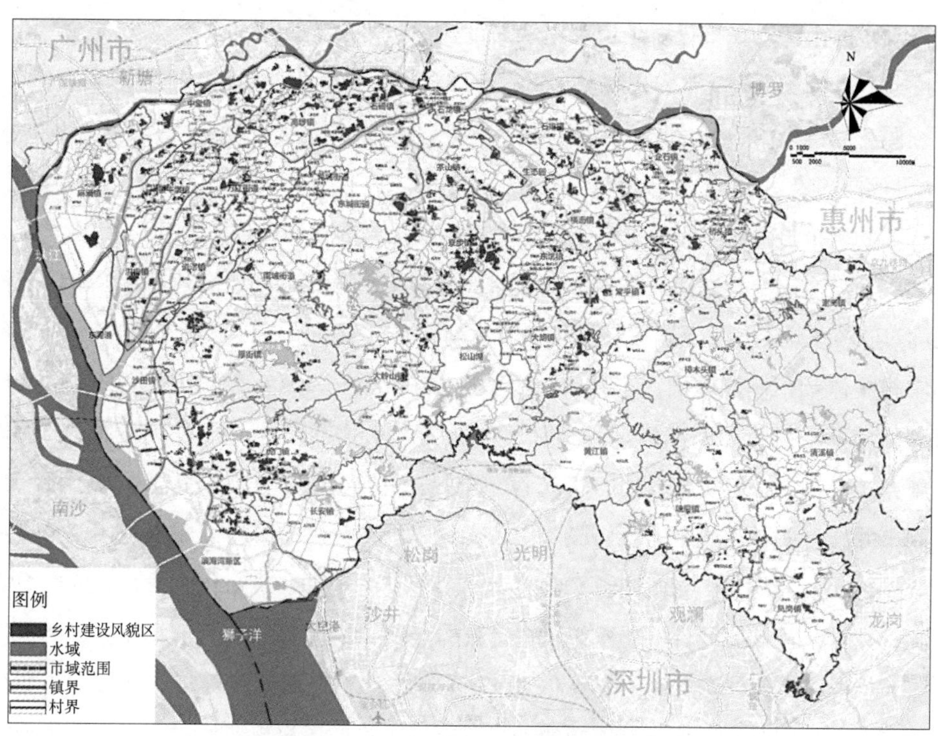

图 7-15　东莞市乡村建设风貌区分布图

（资料来源：东莞市自然资源局《东莞市乡村建设规划》）

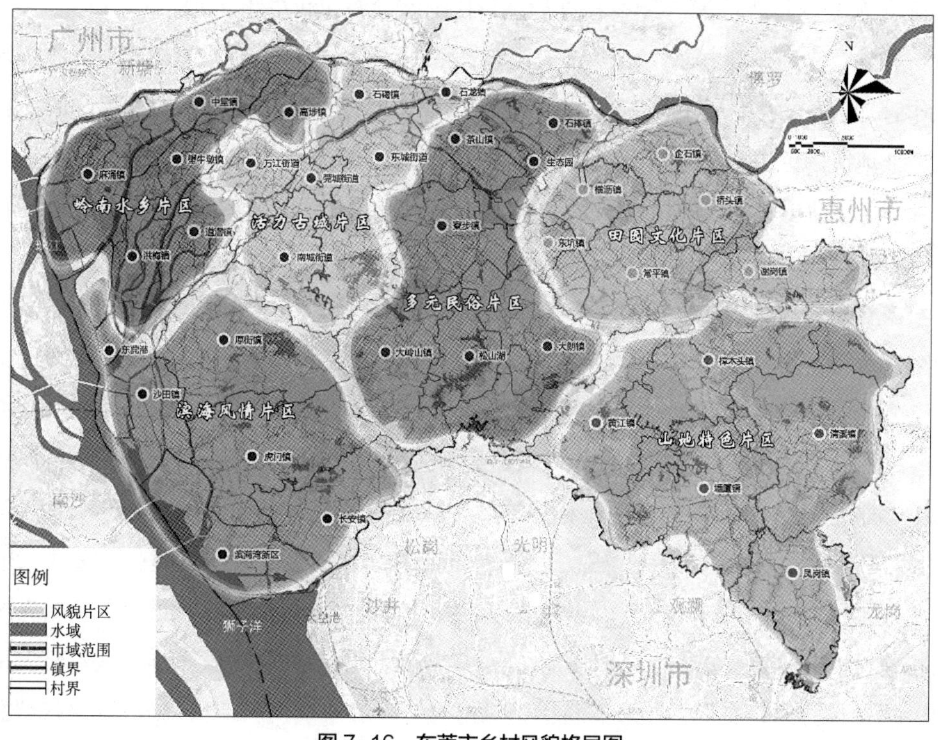

图 7-16　东莞市乡村风貌格局图

（资料来源：东莞市自然资源局《东莞市乡村建设规划》）

通等规划的衔接。在推进村土地利用规划过程中，坚持最严格的耕地保护和节约用地制度，不得涉及永久基本农田调整，不得突破建设用地规模、耕地保有量等规划指标，并按照“望得见山、看得见水、记得住乡愁”的要求，统筹兼顾农村田园风貌保护和环境整治。

4. 积极推进体制机制改革创新，为乡村振兴提供内在制度保障

聚焦城乡融合，在实施乡村振兴战略的过程中，东莞市重点推动了农村集体产权制度、农村土地制度、乡村发展用地保障机制、农村金融服务机制等方面的改革创新。在农村集体产权制度方面，东莞市先后于 2002、2007、2012 年、2018 年对集体资产管理实施办法进行了四次修订。2018 年印发的《东莞市农村（社区）集体资产管理实施办法》在上一版实施办法的基础上，进一步明确了股东分红的概念、范围及增减机制，并修订调整了股东大会、股东代表会议、理事会、监事会的职权表述以及经济社股东代表人数规定。与此同时，东莞市出台了《关于进一步强化农村集体资产有效监管的意见》等制度文件，再次组织全市集体经济组织清理核实资产，完善集体资产台账，推广应用集体资产网上交易和“东莞村财”手机应用程序。2018 年东莞市集体资产网上交易占公开竞价交易宗数的一半以上。东莞市还提出要推进村组资金统筹利用，鼓励并支持村（社区）集体通过信托计划、股权投资等形式参与项目投资开发。2018 年东莞市共推动 22 个镇街建立健全镇村统筹发展和利益共享机制。

在农村土地制度方面，2019 年东莞市人民政府印发了《东莞市集体土地征收实施工作管理规定》，其中对留用地制度进行了改革，留用地不再落实用地指标，而是提出“征地留用地原则上采用折算货币补偿方式落实，确需采用实地留用的，留用地用途仅限于工业或公共设施用地”。

在乡村发展用地保障机制方面，《东莞市土地利用年度计划管理办法》（修订稿）中对乡村振兴项目用地指标保障作了进一步明确，切实保障农村新产业、新业态发展与公共服务配套用地需求。2017 年，东莞市共为乡村振兴项目落实了 3295 亩用地指标，占全年指标的 20.6%。2018 年，落实了 991 亩，占全年指标的 11.4%。2019 年上半年，东莞市进一步用好用活指标政策，为石排生猪定点屠宰场项目向广东省争取到 36 亩农村新产业、新业态专项指标，同时为寮步香市体育公园、寮步公办小学、道滘垃圾压缩站、长安新安社区集体公墓等一批乡村公共服务配套项目解决了超过 1200 亩用地指标需求。同时，东莞市积极推进了农村建设用地拆旧复垦，鼓励各镇街通过农村建设拆旧复垦，减少农村旧住宅、废弃宅基地、空心村等闲置土地、低效建设用地，优化农村用地布局，并形成新增用地指标，破解城镇发展新增用地不足的难题。2014~2018 年，东莞市在凤岗、麻涌、樟木头等镇共开展了 6 个拆旧复垦项目，形成

了 1534 亩新增用地指标，为属地镇、村带来了更大的发展空间。

在农村金融服务机制方面，东莞市金融工作局联合中国人民银行东莞市中心支行、中国银行保险监督管理委员会东莞监管分局印发了《关于对〈关于金融服务乡村振兴战略的实施意见〉的贯彻落实意见》（东金 [2019]23 号），提出了完善农村金融服务组织体系、推动乡村振兴金融服务创新、推动金融与农业产业发展融合、金融支持生态文明建设、加大乡村文化领域金融支持、加强农村民生金融服务与农村信用体系建设七大重点任务。未来一段时间内，东莞市将大力推动以村镇银行为代表的新型农村金融组织培育，并积极发展普惠金融、涉农信贷产品和服务、涉农保险、绿色信贷、绿色债券、绿色保险等金融创新服务。

5. 大力开展乡村治理创新，探索构建现代化的乡村治理新体系

顺应农村乡村发展新形势和农民村（居民）群众新需求，东莞市制定印发《村（社区）党工委、村（居）委会、经联社职责清单》《村（社区）“两委”干部和经联社理事会成员职责清单》《村（社区）党工委、村（居）委会、经联社议事决策工作规范》3 项村级小微权力清单，进一步规范和明确村（社区）各组织的职责分工和议事决策规则，着力建立健全党委领导、政府负责、社会协同、公众参与、法治保障的现代乡村社会治理体制，实现自治、法治、德治相结合。

为加强基层党组织体系建设，东莞市大力实施了基层党组织“头雁”工程。2018 年全面摸底排查全市 592 个村（社区）党组织书记履职情况，启动新一轮 36 个软弱涣散村（社区）党组织整顿工作，继续从市直有关单位选派优秀机关干部担任“第一书记”驻村开展整顿。建立基层党组织书记年度轮训制度，举办 4 期培训班，每期培训 5 天，对 592 个村（社区）的党工委书记进行全覆盖轮训。大力加强后备队伍建设，按照 1 ∶ 2 的比例配齐配强了 592 个村（社区）的党工委书记储备人选。先行探索制定村（社区）党组织书记年度考核办法，从民主测评、述职评议、年度工作考评三个维度对村（社区）党工委书记进行年度考核。同时，大力实施党员先锋工程。推行固定主题党日制度，开展政治学习、主题党课、志愿服务、先锋行动等不同类型主题活动，一些村（社区）还自主开展了政治生日会、“微型党课竞赛”、学习微体会、编印“口袋书”等活动，并统一选聘专职党建组织员 658 名，派驻到村（社区）、“阳光雨”党群服务中心专门从事党务工作。

为推进基层社会协同共治，东莞市选取 39 个村（社区）开展城乡社区协商试点，共组织开展了协商活动 662 场次，讨论协商议题 867 项。为拓宽外来人口参与社区治理渠道，东莞市共选配非户籍“两委”成员 102 名，其中非户籍村（居）委会委员 79 名。此外，为强化农村法治工作，东莞市建成市、镇（街道）、村（社区）三级公共法律

服务平台网，实现“一村（社区）一法律顾问”工作全覆盖，全市村（社区）基本达到市级“民主法治村（社区）”创建标准。

6. 建立健全乡村振兴的组织领导与实施机制

第一，成立了市级层面和镇街层面的乡村振兴领导机构。东莞市层面成立了实施乡村振兴战略领导小组，由市委书记任组长，市长担任常务副组长，并于2019年对领导小组成员进行了调整，将市医疗保障局、市投资促进局、市工商联等部门纳入成员单位；镇街层面也成立了实施乡村振兴战略领导小组，并在此基础上成立了镇街实施乡村振兴战略工作专班，由镇街党委副书记分管，党政办负责牵头协调，相关职能部门共同参与。

第二，建立了乡村振兴战略定期信息报送机制。2019年3月，东莞市委农村工作办公室印发了《关于建立东莞市推进乡村振兴战略信息报送机制的函》（东委农工办函[2019]6号），明确东莞市乡村振兴信息报送任务主要包括三类，包括工作动态类实时报送、重点工作类每月报送、典型经验类信息季度报送。同时，东莞市委农村工作办公室还将定期对信息报送和采用情况进行汇总通报，并将报送信息材料的数量与质量作为乡村振兴工作实绩考核的参考依据。

第三，加强对乡村振兴工作的督促和考核。在乡村振兴工作督促方面，由市农业农村局牵头会同市委实施乡村振兴战略领导小组有关成员单位，组成若干个小组，对各片区镇街乡村振兴工作实行包片督促联系制度，并建立了“一周一下乡”常态化督促机制，及时了解不同片区乡村振兴工作的进展情况[108]。在此基础上，东莞市还将对各镇街党委、政府以及市委实施乡村振兴战略领导小组成员单位推进乡村振兴战略工作的实绩进行考核，从组织领导、政策制定、工作推进等方面，以评议评分和日常监督相结合的方式进行考核。

第三节　东莞市城市微更新与乡村振兴的有机融合

一、表现形式

（一）旧村庄改造是东莞市城市更新的重要内容之一

东莞市的城市更新源于“三旧”改造，一直以来，旧村庄改造均是东莞市城市更新的重要组成部分。自2010年以来，东莞市约121个村（社区）通过自行改造或合作改造方式参与城市更新（“三旧”改造），盘活集体旧村居及旧厂房用地约 1.29 万亩。其中 2017 年东莞市完成“三旧”改造面积约 6643.5 亩，旧城镇仅 316.6 亩，而旧村庄的改造面积达 1469.6 亩，是旧城镇的 4.6 倍。在《东莞镇街城市更新专项规划编制指引（修订稿）》中，明确提出“现状空心化较严重的旧村、市中心、镇中心的城中村以及其他因城市发展需要改造的旧村庄应纳入更新改造区域”，并明确了旧村改造“以转变生活环境和完善配套为目标”。根据原东莞市城乡规划局的测算，在约 312 平方公里的现状居住用地中，适合拆除重建的旧村规模约 60 平方公里，适合通过美丽乡村等方式微改造的村落约 40 平方公里（截至 2018 年 4 月）。截至 2018 年 8 月底，东莞市纳入“三旧”改造标图建库 2727 宗，面积 25.1 万亩，其中旧村庄 354 宗，面积 27437.5 亩，占入库面积的 11%。

（二）城市更新与魅力小城被纳入东莞市乡村振兴战略的重要组成部分

根据东莞市出台的乡村振兴相关政策文件，城市更新作为一项具体举措被纳入了东莞市乡村振兴战略的多项重点工作中。如在推进村组土地资源统筹利用中，东莞市提出了“完善城市更新政策指引”“推行政府主导或单一主体招标改造模式”“鼓励采用股权合作、收益权等形式，创新股权混合形成单一主体项目公司参与更新改造”等具体举措；在农村土地制度改革中，东莞市将建立健全“三旧”改造项目利益共享机制作为农村土地制度改革的一项具体工作；在乡村发展用地保障方面，东莞市鼓励通过“三旧”改造等方式，解决新型农业经营主体农产品加工、仓储物流、乡村旅游等辅助设施建设用地需求。

此外，东莞市还将特色小镇和特色小城镇的培育发展纳入了生态宜居美丽乡村建设工作中。为推动特色小镇和特色小城镇建设，东莞市开展了魅力小城示范道路和示范片区建设，编制完成了《东莞市魅力小城街道设计技术指引》，并于 2018 年 7 月经市政府同意正式印发。同时，为推动魅力小城示范片区建设，组织编制了《东莞市魅力小城建设政策研究和实施意见》，在此基础上研究制定了《东莞市魅力小城示范片区建设实施方案》和《东莞市魅力小城示范片区建设评审办法》。

二、原因分析

1985 年，东莞撤县建市（县级市）；1986 年，东莞市开始撤区公所建镇，实行镇辖村体制；1988 年升格为地级市，逐渐形成了“市直管镇”的行政管理体制模式，其后设立了 4 个街道办事处和拆分、合并了多个园区（新区）。截至 2017 年，东莞市下辖 4 个街道和 28 个镇，共 350 个村、242 个社区。独特的行政管理体制，使得东莞市的城镇呈现出与其他地区不同的发展特点。

（一）村镇经济实力强劲

东莞市采取了“市直管镇”的扁平化行政管理体制，减少了县一级的管理成本，并将一些县级的权限直接下放给镇，使镇级财政直接与地级财政衔接，从而使得东莞的行政管理模式在低成本、高效率的行政管理运作中，显现出了一定优势，并使中心城区和各镇的积极性得到双重发挥。所以，在特殊区划制度下实现小城镇与中心城区的并行发展，是东莞城镇发展模式的一个重要特征。东莞建制镇的综合实力是相当强的，也是周边地区所不能相比的。东莞的建制镇普遍达到了中小城市的规模，并脱离了东莞中心城区对其的绝对性影响。据统计，2017 年，在东莞市 33 个镇街（含松山湖）中，全部镇街经济规模均超 60 亿元，平均规模超 200 元。经济总量达 500 亿元以上的镇街有虎门和长安 2 个，400 亿 ~500 亿元的镇街有东城和南城 2 个，300 亿 ~400 亿元的镇街有厚街、松山湖、塘厦、常平 4 个，200 亿 ~300 亿元的镇街有大朗、凤岗、寮步、清溪、大岭山、麻涌 6 个，100 亿 ~200 亿元的镇街有 14 个，100 亿元以下的镇街有 5 个 [109]（见图 7-17）。所以，东莞的建制镇相当于独立发展的中小城市，已经远远突破了建制镇的发展范畴，并在城镇规模和经济实力上超过了一般建制市的发展水平 [110]。

（二）城镇发展以“自下而上”的农村城镇化为特点

由于东莞市的村镇行政权限较大，在发展初期，东莞市的土地都由村镇管理。为了满足经济发展需求，东莞市各村镇自主形成了很多非正规的行为，来推动集体用地

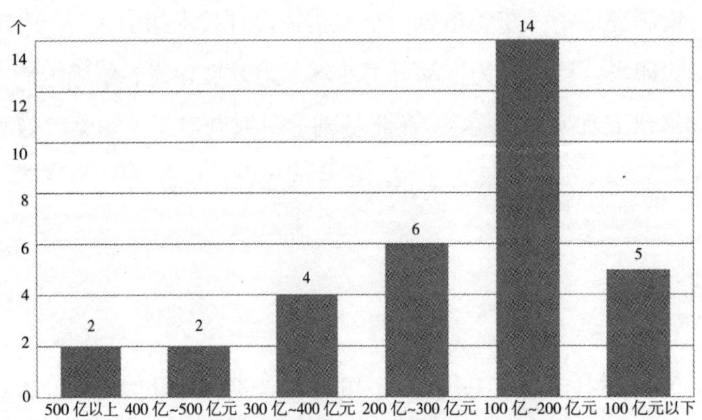

图 7-17　2017 年东莞镇街 GDP 总量分布情况

（资料来源：东莞市统计局《改革开放 40 周年东莞系列课题研究报告之一：迈入高质量发展新时代——改革开放 40 周年东莞经济社会发展综述》）

流转与开发，加快了农村工业化进程。伴随着东莞市农村工业化的推进，大量农业用地迅速向建设用地转变，产生“城不是城、村不是村”的现象。东莞市本地农民的收入、消费范围也突破农村社区地域界限，农村常住居民尤其是大部分本地原住民已不再从事传统的耕作，从事二三产业的劳务性工资收入、物业出租收入和集体经济股份分红成为其重要的经济收入来源，其享受基本公共服务的水平和生活方式呈现出“市民化”的特征。

统一的城市规划管理体系也是造成东莞市乡村地区建设标准城镇化的重要原因。根据已批复实施的《东莞市城市总体规划（2000—2015）》，东莞全市域纳入城市规划区范畴。自 2001 年以来，东莞市已统一采用城市规划管理体系，依据“总体规划 + 控制性详细规划”对所有的行政村和社区进行规划管理，村庄建设规划编制基础较为薄弱。我市共下辖 597 个村（社区），其中有集体经济的村（社区）556 个。2018 年，东莞市选定了 60 条试点村开展村庄建设规划编制工作，目前全市仍剩余约 500 个村（社区）没有编制村庄规划。

尽管农村工业化、农村城镇化有效地促进了东莞市经济社会的发展，但其弊端也较为突出。一方面，东莞市的土地空间表现出城乡高度混杂、空间碎片化、土地利用低效等特征，以建设无序、外来人口众多、社会治安混乱为特征的城中村现象突出。以外来人口为例，2001 年以来，东莞市外来暂住人口占常住人口的比重均在一半左右。2017 年，东莞市外来暂住人口规模达 438.6 万人，占常住人口的比重为 52.6%。另一方面，以追求经济利益为目的“半城镇化”导致东莞市基础“欠账”较多，具体表现为公共服务设施不足、公共空间建设滞后等。同时，统一无差别的城市规划管理在一定程度上提升了村庄基础设施建设水平，也导致了乡村地区传统风貌逐步丢失的问题。

（三）着力构建城乡融合的政策体系

近年来，东莞市进一步推动城乡融合发展。2018 年，东莞市提出了推动“美丽东莞”建设，出台了《关于推动美丽东莞建设 满足人民日益增长的优美环境需要的若干意见》（东府 [2018]1号），提出“美丽东莞”建设的内在要求是全方位提升城市品质内涵、实施乡村振兴战略、促进区域协调发展。在这一文件中，东莞市将魅力小城和文明美丽村居建设纳入了城市品质内涵提升中，并提出要“巩固全国文明城市创建成果，推动文明创建向乡村延伸”。

2019 年，东莞市“1 号文件”《东莞市人民政府关于拓展优化城市发展空间 加快推动高质量发展的若干意见》（东府 [2019]1 号）正式出台。该文件以优化和拓展产业发展空间、公共生活空间、山水生态空间三类空间为目标，全力打造“湾区都市、品质东莞”，推动东莞市高质量发展。为推动城乡公共服务一体和区域协调发展，东莞市在该意见中提出了实施构筑 15 分钟社区优质生活圈行动，鼓励各镇街（园区）打造高品质、高性价比的职住空间，以及通过经营性用地、城市更新项目公共配建以及新型产业用地（M0）贡献物业，在“拓空间”重点区域加快筹集一批产业用房、人才安居房等公共服务设施。为完善区域性的公共设施布局，东莞市还提出允许相近片区的城市更新项目通过用地拼合设施连片共建、用地分工设施互补共享、权益置换设施集中投建等方式，配置教育、文化、体育、医卫等配套设施，并将“探索建立城市更新项目公共设施用地台账，允许镇街（园区）对辖区内城市更新项目贡献的公共设施用地进行置换、整合”。在区域协调方面，东莞市提出“探索建立土地开发收益区域平衡机制”，对承担生态保育、水源保护、高标准基本农田保有和公建配套任务较重的村（社区）采取多种方式给予补偿与支持。一方面，鼓励其整合市、镇街（园区）政策扶持资金和村组集体经济组织闲置资金，在市镇中心区、产业重点发展区集中投建或购置产业用房和经营性物业；另一方面，允许镇街（园区）通过货币置换、物业置换或分享租金收益等方式，将位于高密度开发区内的村（社区）新建或改造物业按一定比例计提相应面积物业，用于增加低密度开发区内村（社区）的资产和收入。

三、典型案例

（一）东坑镇

一是突出规划引领，提升城乡空间建设品质。选取东坑村作为试点，实行“一村一方案两规划”，并开展了丁屋、彭屋、黄屋及角社 4 村 3.5 平方公里美丽幸福村居特色连片示范区建设。统筹迎宾路两侧 700 多亩新增土地，发展现代新能源、药业基地、智能制造产业，构筑“产、城、人”高度融合的城市品质空间。注重城市公共生活空间精细管理，启动镇中心区 3 个立体停车楼建设，预计新增车位 1700 个，着力缓解“停车难”和“六乱”整治问题。

二是统筹推进城市更新改造，拓展产业发展空间。积极探索利用城市更新政策，在政策范围内帮助提高早期统筹地块容积率至 4.0。全市首个 3.0 高容积率“工改工”项目三甲工业城等 4 宗已竣工，优品等容积率为 4.0 的项目陆续动工建设。积极挖掘私人出租屋存量资源和空间，通过推动员工走出工厂、融入社会，实现“宿舍变厂房”，无需新增建设用地即可拓展企业生产空间。此外，东坑镇还结合新增工业用地、加快“三旧改造”、盘活闲置用地等多项措施，计划腾挪土地 5700 亩，进一步整合、挖掘和提高土地使用效率，致力拓展发展空间。

三是突出利益共享，推动集体经济提质增效。实行土地统筹利益共享机制，对于镇政府收储村组的经营性用地、产业用地，按照“地价款 + 土地使用补偿款 + 土地出让净收益 / 税收奖励”相应比例来统筹。建立由镇经联总社和村合作开发建设的模式，高效运作 20 亿元镇村联动产业发展基金，以容积率 3.0 为分界点，根据实际新建物业来分配收益。目前已启动黄麻岭、小塘等 4 个村组共约 200 亩的集体项目，有效统筹村组土地资源，提高村组集体收入。统一按照新制定的工业项目准入标准和引进优质工业项目奖励办法，由镇招商引资，着重引进成长性强的大项目，按镇级分成部分的 30% 奖励村集体，促进农村集体经济提质发展。

（二）清溪镇

一是建立健全促进城乡融合发展的体制机制和政策体系。制定《清溪镇关于推进乡村振兴战略的实施意见》，拟定《东莞市清溪镇乡村振兴战略规划项目计划书》，专题策划土桥村、铁场村、长山头村等第一批试点村乡村振兴规划方案，计划 5 年内共投入 10 亿元，力求 2020 年乡村振兴工作取得重大进展，全镇 21 个村（社区）全面完成农村人居环境整治，村组两级集体总资产超过 50 亿元，年经营纯收入超过 9 亿元，尽快全面实现农业强、农村美、农民富。

二是大力开展环境大整治行动。制定《清溪镇农村人居环境整治村（社区）清洁行动方案》《清溪镇关于“千村示范、万村整治”的生态宜居美丽乡村实施方案》《2019 年清溪镇农村人居环境工作要点》，以基础整治为主，以“三清、三拆、三整治”、创建干净整洁村、“厕所革命”、生活垃圾及污水处理等方面为工作重点，以重河村厦塘老围“脏乱差”问题整治为切入点，全面开展农村人居环境大整治行动，做到“全覆盖、零容忍、严执法、重实效”，确保 2019 年年底前全镇 100% 的村（社区）达到干净整洁村的标准。

三是结合产业转型升级、水环境污染治理、城市更新、全域旅游等系列重点部署，统筹盘活各种资源力量，打造一批具有示范带动性的乡村振兴项目。重点推进富民强村，把清溪生态农业产业园建设成为特色都市农业生产基地，加快推进“古韵铁场村”“欢乐清溪湖”“运动大王山”等 A 级乡村旅游景区和旅游特色村建设，并结合“大湾区・清溪科技生态城”“米德兰工改工”等项目建设，示范带动镇村组土地连片开发；推进宜居建设，试点实施三星村百家鲞地块城市品质提升工程，并统筹开展全镇村（社区）“烂路”治理，利用闲置地、废旧厂房等资源建设体育设施和停车场，力争 2020 年全镇村（社区）体育公园覆盖率达 100%；推进文化传承，加强对名人故居、客家碉楼、红色革命遗址等清溪特色文化村落、文化建筑的保护，支持客家山歌、客家酿酒、麒麟舞等非物质遗产保护项目的发展。

（三）长安镇

一是加强对利用率低、产出率低和闲置的旧建筑的升级改造，推进创新创业、公共服务等方面的重点项目建设。长安镇引导社区发展服务型和投资型经济，支持社区以直接入股、合作开发和信托投资等多种形式参与投融资项目建设。如积极推动新民社区与天安数码城、万科等大型企业集团签订合作意向，打造产城融合示范区。其中，天安数码城规划建设项目占地 220 亩，首期 110 亩，计划引入一大批智能产品制造及相关配套企业；万科集团规划建设项目占地 500 亩，将重点建设创新科技园区及人才公寓、学校、医院等相关配套设施。此外，长安镇还以科技商务区为载体，着力打造广东省智能手机特色小镇，规划面积 3.35 平方公里。智能手机特色小镇将以 OPPO、vivo 等智能手机品牌为带动，整合周边华为、金立、宇龙、小天才等智能手机、智能穿戴核心企业，以及有关电子信息、五金模具企业，打造全球智能终端（手机）产业创新基地。

二是大力开展城乡人居环境综合整治、美丽幸福村居、“公园长安”等建设，提升城乡空间品质。在环境整治方面，按照“一网两厂三整治”的总体思路，长安镇加大力度推进以茅洲河污染综合整治为重点的治水工程。截至 2018 年 12 月，共建成截污管网 88.5 公里，完成了人民涌、三八河等黑臭河涌治理，建成了长安新区污水处理厂。在建设美丽幸福村居方面，长安镇以涌头社区被纳入东莞市美丽乡村建设示范点为契机，大力推进涌头社区旧村改造，总改造面积 500 多亩，规划文天祥系列文化项目、山水田园景观建设，工业区整治提升，环山路景观带建设以及整个社区的六乱整治等，以点带面，推动各社区搞好美丽幸福村居建设。同时，长安镇大力实施了“公园长安”战略，研究制定“公园长安”实施方案，积极整合一批、提升一批、建设一批社区公园，加快建设“两长廊四公园”（即莲花山生态绿道长廊、茅洲河道生态长廊，以及涌头文天祥公园、新安鲫鱼嘴公园、汽车北站桥底公园、锦厦桥底公园），确保每个社区至少建设一个公园，为老百姓提供优美的生活环境。

三是完善城乡一体的公共服务体系。长安镇加快补齐农村教育、医疗、文化、卫生、交通等公共服务短板，不断完善各项社会保障，进一步做好扶贫助困工作，建立健全覆盖全民、普惠共享、城乡一体的基本公共服务体系，特别是加快推进新学校、医院和养老院等民生设施的建设。同时，长安镇还进一步完善社区基础设施，搞好道路交通升级改造和公共停车场建设，补齐社区公共服务“短板”。

第八章　基于城乡融合的城市微更新与乡村振兴

第一节　城市微更新与乡村振兴的有机契合

一、均重视环境空间品质提升

改革开放 40 多年来，我国经济社会发展取得了长足的进步，城乡居民收入水平得到了大幅提升。在此背景下，人们的生活需求发生了重大转变，党的十九大指出“我国社会主要矛盾已经转化为人民日益增长的美好生活需要和不平衡不充分的发展之间的矛盾”。“美丽宜居”的人居环境成为人民日益增长的美好生活需要。随着人们对人居环境重视程度的提升，我国在经济发展与城乡建设的过程中越来越注重整体环境品质的营造，提升环境空间品质不仅是城市微更新开展与实施的重要目的，也是乡村振兴战略中的重要组成部分。

城市微更新的对象主要是老化的居住社区、腾退的工业遗产以及未得到充分利用的公共空间、被污染的开放空间等，随着时间的推进，这些地区的环境品质均呈现出衰退的迹象。为此，地区环境品质成为城市微更新关注的重点。从我国各地开展的城市微更新实践上来看，城市微更新强调以渐进式、小规模的方式对衰退的城市环境进行修复修补，其涵盖内容广泛，不仅包括对历史街区、老旧居住社区、产业功能区等大尺度空间的渐进式改造，还开始关注小型绿地、小广场、街道、废弃交通设施等小尺度空间的更新改造。这些改造的目的均在于提升区域整体环境品质，如在老旧小区综合整治中，我国各地均将公共绿地补充、环境整治作为重点工作。具体来看，大尺度空间渐进式改造为的是通过环境整治、公共绿地补充、河流修复等手段来提升自身区域环境品质，而小尺度空间的更新改造的目的则是通过修复、修补等手段对小尺度空间的环境品质进行改善，以此带动周边地区整体环境品质提升。

从乡村振兴来看，“生态宜居”是乡村振兴战略的五大要求之一。而当前我国农村地区“脏乱差”的总体态势尚未改变，与“生态宜居”的要求还有较大的差距。我国各地在实施乡村振兴战略的过程中，均将农村人居环境整治、生态环境治理等作为乡村振兴的重点任务。如浙江省的“新时代美丽乡村”建设将“美丽生态系统”作为重要内容，广东省也提出了建设“生态宜居美丽乡村”，全域推进农村人居环境整治。

二、均强调多方主体参与，营造共享共建共治的局面

随着工业化、城镇化进程的快速推进，我国基本实现了从“农业社会”向“工业社会”，从“农村社会”向“城市社会”，从“封闭社会”向“开放社会”的转变，“社会”作为一个独立领域的重要性日渐提升，其主体性和自主性日益增强。党的十八大以来，国家高度重视社会治理体系的构建，出台了《关于加强城乡社区协商的意见》《关于加强和完善城乡社区治理的意见》等政策文件，政策重点逐步由以经济建设为中心转向重视社会政策，全民共享改革发展成果逐步成为普遍共识。在此背景下，我国公众参与社会公共事务进行自我治理、自我服务的意识和能力显著增强，社会自治得到有序推进和发展，以居委会为载体的居民自治和以村委会为载体的村民自治不断参与到我国城乡发展的过程中（陈鹏《中国社会治理40年：回顾与前瞻》）。在城市微更新与乡村振兴中，城乡居民、社区组织等均发挥了重要作用，各地还积极探索搭建了多主体参与的协商平台。

在城市微更新实践中，我国各地均大力鼓励社会力量参与，支持有实力的企业参与城市微更新，并支持有条件的地区开展自主更新。在更新改造中，我国各地均积极构建了公众参与机制，鼓励当地居民参与到城市微更新的过程中，特别是对于涉及社区的微更新活动，普遍强调社区共同体、社区营造，微更新的目的不仅是在物质空间层面的，更是精神空间层面的社区共建。为此，在城市微更新特别是社区微更新过程中，各地普遍鼓励和引导居民以集体行动来处理共同面对的城市发展与社会生活中存在的问题，倡导共享、共建、共治。在此过程中，我国各地区积极建立健全责任规划师、社区规划师等制度，并探索搭建一个多方主体参与的公共协商平台，以便更好地引导公众深层次、全过程参与城市微更新的活动。

在乡村振兴战略中，明确提出了“治理有效”的要求，提出要加强村民自治，建立健全村民自治制度。当前，在我国乡村振兴过程中，各地积极结合自身实际制定或修改了村规民约，并探索建立了百姓议事会、乡贤参事会等新型农村社会组织，在鼓励村民共同订立规则、定期协商村居发展事宜的同时，支持乡村精英在乡村社会治理中发展决策咨询、民情反馈、监督评议等作用，增强多元参与、协商共治的能力。

在乡村自治制度建设的过程中，部分地区也引入了社区营造的理念，以激发乡村内生动力为目标，以村民需求为导向、社会组织为载体、乡村精英为支撑，引导村民组织化参与村庄公共事务。此外，各地还开展了乡村规划师制度的探索工作，鼓励乡村规划师参与到乡村规划建设的全过程中，提升乡村建设的品质。

三、均注重公共服务设施的补充与完善

当前，公共服务设施供给不足、布局不合理、区域间公共服务不均衡等现象仍是我国城乡发展中所亟需解决的一个关键问题。不仅城乡之间公共服务设施差距较大，城市内部的新城区与旧城区、经济发达城区与欠发达城区之间的公共服务设施的总量与品质也有较大的差距。为此，城市微更新与乡村振兴的过程中都十分关注公共服务设施的补充与完善。

与传统“大拆大建”的城市更新方式相比，城市微更新普遍强调公共利益导向，注重医疗、教育、养老、休闲、娱乐等社区综合服务体系的建设。在我国各地的城市更新政策中均对公共配套设施的配置进行了规定，明确了城市更新的公共设施配套标准。同时，为了增强社会主体提供公共服务设施的积极性，上海、深圳等地均制定了容积率奖励政策。

当前，我国城乡差距大的表现之一就是城乡公共服务水平差距大。为此，乡村振兴战略的实施将致力于通过加强农村地区教育、医疗等公共服务设施建设，开展基础设施补短板行动等工作，建立城乡一体化的公共服务体系。

第二节　城市微更新与乡村振兴的“城”与“乡”特色

一、城市微更新强调社会综合效益，而产业兴旺是乡村振兴的首要任务

城市微更新的内涵广泛，涉及城市发展中的各个层面。当前，我国城市微更新的对象更多的是在城市社区、公共空间、基础设施等层面，产业功能区的微更新活动仅是城市微更新中的一小部分。为此，城市微更新活动实施的目的更为强调文化层面、社会层面的综合效益，如激发文化活力、完善公共服务、提升环境品质等，而对经济、产业层面的关注相对较少。

农业发展一直是我国“三农”工作的重要组成部分，为此，我国的乡村振兴战略的首要要求就是实现“产业兴旺”，通过推动农业供给侧结构性改革、拓展农业多种功能等实现农业现代化发展是乡村振兴的重点内容。我国各地在实施乡村振兴战略的过程中，均将农业发展视为重中之重。同时，乡村振兴战略对乡村发展经济效益的关注还体现在致力于提升农民收入水平，改善农民生活。为此，在乡村产业兴旺中，国家及各地的乡村振兴政策均强调农村基本经营体制改革，倡导发展农业新型经营主体。

二、乡村振兴战略的实施涉及一系列制度改革

长期的城乡二元体制使得我国乡村发展丧失，乡村发展处于被动的地位。同时，农地经营制度、土地征收制度、宅基地制度等土地制度改革滞后，现有制度与城乡转型背景下的乡村发展需求相违背，造成我国乡村地区产业功能单一、非农经济活动萎缩、农民在乡村地区的发展机会较少，进一步推动了乡村的衰退。为此，我国实施乡村振兴战略的一个关键点便在于消除不利于乡村发展的制度制约。为推动乡村振兴战略中的制度改革，我国对《农村土地承包法》《土地管理法》等重大法律进行了修订，重点在农村集体土地入市经营、宅基地等方面进行了制度突破。

三、乡村振兴强调乡村特色风貌的塑造

乡村与城区之间存在着明显的区别，主要反映在三个方面：一是乡村具有“山、田、湖、海”等良好的生态本底；二是乡村农房的建筑形式有其鲜明的传统风格；三是乡村具有独特的社会环境，主要表现在村民的习俗、乡土文化、社会道德和历史渊源等。我国实施乡村振兴战略，推动城乡融合发展并不意味着推动乡村与城市“同质化”发展，而是强调乡村振兴要保持乡村的特色风貌，传承乡村优秀传统文化。《中共中央国务院关于实施乡村振兴战略的意见》提出保护保留乡村风貌，开展田园建筑示范。国务院印发的《农村人居环境整治三年行动方案》与《乡村振兴战略规划（2018—2022年）》也将“提升村容村貌”作为重点任务，提出要大力提升农村建筑风貌，突出乡土特色和地域民族特点。

为强化乡村特色风貌的塑造，在实施乡村振兴战略的过程中，我国加大了对村庄规划的重视，要求在村庄规划中要“加强各类建设的风貌规划和引导，保护好村庄的特色风貌”，在农村住房布局中，还要结合当地建筑文化特色和居民生活习惯，对农民住宅的规划设计提出要求。为提升乡村的规划和建设水平，我国还大力支持和鼓励规划、建筑、景观、市政、艺术设计、文化策划等领域设计人员下乡服务。

参考文献

[1] 国家统计局 . 工业经济跨越发展 制造大国屹立东方——新中国成立 70 周年经济社会发展成就系列报告之三 .[EB/OL].http：//www.stats.gov.cn/tjsj/zxfb/201907/t20190710_1675173.html.

[2] 国家统计局 . 服务业风雨砥砺七十载新时代踏浪潮头领航行——新中国成立 70 周年经济社会发展成就系列报告之六 .[EB/OL].http：//www.stats.gov.cn/tjsj/zxfb/201907/t20190722_1679700.html.

[3] 国家统计局 . 城镇化水平显著提高城市面貌焕然一新——改革开放 40 年经济社会发展成就系列报告之十一 .[EB/OL].http：//www.stats.gov.cn/ztjc/ztfx/ggkf40n/201809/t20180910_1621837.html.

[4] 叶裕民 . 中国统筹城乡发展的系统架构与实施路径 [J]. 城市规划学刊，2013（1）：1–9.

[5] 国务院发展研究中心农村部课题组 . 从城乡二元到城乡一体——我国城乡二元体制的突出矛盾与未来走向 [J]. 管理世界，2014（9）：1–12.

[6] 周跃辉 . 西方城市化的三个阶段 [J]. 理论导报，2013（2）：42.

[7] 倪慧 . 西欧城市更新的发展及其借鉴与启示 [D]. 南京 . 东南大学，2007.

[8] 刘建芳 . 美国城市更新与重建过程中的总体分析——兼谈我国城市更新的凸显问题 [J]. 江南论坛，2010（8）：19–21.

[9] 张京祥，陈浩 . 基于空间再生产视角的西方城市空间更新解析 [J]. 人文地理，2012，27（2）：1–5.

[10] 秦虹，苏鑫 . 城市更新 [M]. 北京：中信出版社，2018.

[11] 董玛力，陈田，王丽艳 . 西方城市更新发展历程和政策演变 [J]. 人文地理，2009，24（5）：42–46.

[12] 曲凌雁 . 更新、再生与复兴——英国 1960 年代以来城市政策方向变迁 [J]. 国际城市规划，2011，26（1）：59–65.

[13] 阳建强 . 中国城市更新的现况、特征及趋向 [J]. 城市规划，2000，24（4）：53–55.
[14] 阳建强 . 城市更新作为城市发展的自我调节机制 [EB/OL]. http：//www.planning.org.cn/report/view?id=153，2016–04–12.
[15] 李建波，张京祥 . 中西方城市更新演化比较研究 [J]. 城市问题，2003（5）：68–71，49.
[16] 张顺豪 . 城市更新的现状与反思：以人为本、延续生活 [M]// 中国城市规划学会 . 规划 60 年：成就与挑战 2016 中国城市规划年会论文集 //. 北京：中国建筑工业出版社，2016.
[17] 田健，左进，苏薇，李晨，曾穗平 . 微更新理念下的旧城区存量空间活化策略与实践探索 [M]// 中国城市规划学会 . 共享与品质——2018 中国城市规划年会论文集北京：中国建筑工业出版社，2018.
[18] 庄少勤 . 上海城市更新的新探索 [J]. 上海城市规划，2015（5）：10–12.
[19] 高沂琛，李王鸣 . 日本内生型社区更新体制及其机理——以东京谷中地区社区更新过程为例 [J]. 现代城市研究，2017（5）：31–37.
[20] 周蜀秦，钟晓华 . 弹性城市视角下的旧城更新与规划策略——以巴塞罗那波布雷诺地区更新实践为例 [J]. 现代经济探讨，2015（12）：35–39.
[21] 郑良鑫，郭成武，赵四东 . 大城市失落空间活化再生策略研究 [J]. 规划师，2016，32（Z2）：146– 150.
[22] 冷红，袁青 . 韩国首尔清溪川复兴改造 [J]. 国际城市规划，2007，22（4）：43–47.
[23] 清华同衡规划院 . 海外经验 | 从垃圾场到公园，看纽约弗莱士河的生态修复 . [EB/OL]. http：//www.sohu.com/a/303791157_120051682.
[24] 周贤荣 . 公众主导下的城市公共空间复兴——以纽约高线公园的蜕变为例 [J]. 城市住宅，2019（1）：163–164.
[25] 新浪网 . 中目黑高架下史上最牛桥底空间 . [EB/OL]. http：//k.sina.com.cn/article_6421276412_17ebce6fc001006hu7.html.
[26] 方可 . 探索北京旧城居住区有机更新的适宜途径 [D]. 北京：清华大学，1999.
[27] 吴良镛 . 从“有机更新”走向新的“有机秩序”——北京旧城居住区整治途径（二）[J]. 建筑学报，1991（2）：7–13.
[28] 姚子刚 . 城市复兴的文化创意策略 [M]. 南京：东南大学出版社，2016.
[29] 陈劼 . 城市触媒理论的文献综述 [J]. 城市建筑，2019（7）：41–43.
[30] 陈晓彤，李光耀，谭正仕 . 社区微更新研究的进展与展望 [J]. 经济社会体制比较，2019（3）：185–191.
[31] 吴良镛 . 北京旧城与菊儿胡同 [M]. 北京：中国建筑工业出版社，1994.

[32] 张杰 . 深求城市历史文化保护区的小规模改造与整治——走“有机更新”之路 [J]. 城市规划，1996（4）：14–17.

[33] 王英 . 从大规模拆除重建，到小规模渐进式更新——北京丰盛街坊更新改造规划研究 [J]. 建筑学报，1998（8）：47–52.

[34] 仇保兴 . 重建城市微循环——一个即将发生的大趋势 [J]. 城市发展研究，2011，18（5）：1–13.

[35] 何子张，洪国城 . 基于“微更新”的老城区住房产权与规划策略研究——以厦门老城为例 [J]. 城市发展研究，2015，22（11）：51–56.

[36] 李郇 . 城市更新的微改造实践——以厦门鹭江为例 [M]. 中国城市规划学会，沈阳市人民政府 . 规划 60 年：成就与挑战——2016 中国城市规划年会论文集 . 北京：中国建筑工业出版社，2016.

[37] 姚新涛，曾坚 . 生态化导向下的旧城区微改造策略 [J]. 建筑节能，2016（12）：72–75.

[38] 宁昱西，吉倩妘，孙世界，王承慧 . 微更新理念在西安老城更新中的运用 [J]. 规划师，2016，32（12）：50–56.

[39] 秦海东，胡李平 . 基于城市触媒效应的传统商业街区微更新策略 [J]. 规划师，2019，35（Z1）：81–86.

[40] 施立平 . 多维度需求下的上海城市微更新实现路径 [J]. 规划师，2019，35（Z1）：71–75.

[41] 马宏，应孔晋 . 社区空间微更新——上海城市有机更新背景下社区营造路径的探索 [J]. 时代建筑，2016（4）：10–17.

[42] 郭玖玖 . 社区视角下的城市微改造创新与实践——以上海普陀区万里街道社区规划改造为例 [J]. 中外建筑，2017（8）：124–127.

[43] 王承慧 . 走向善治的社区微更新机制 [J]. 规划师，2018，34（2）：5–10.

[44] 梁惠兰，佘美萱，练东鑫，赵晓铭 . 广州旧城区公共绿化空间微改造探析——以昌华涌为例 [J]. 广东园林，2017，39（1）：46–51.

[45] 刘悦来，尹科娈，葛佳佳 . 公众参与 协同共享 日臻完善——上海社区花园系列空间微更新实验 [J]. 西部人居环境学刊，2018，33（4）：8–12.

[46] 刘欣葵 . 北京城市更新的思想发展与实践特征 [J]. 城市发展研究，2012，19（10）：5–8，12.

[47] 佚名 . 共生院，北京，中国 [J]. 世界建筑，2018（10）：68–75.

[48] 赵幸 . 东四南历史文化街区规划公众参与及社区营造 [J]. 人类居住，2018（2）：34–37.

[49] 葛岩，关烨，聂梦遥 . 上海城市更新的政策演进特征与创新探讨 [J]. 上海城市规划，2017（5）：23–28.

[50] 莫霞 . 上海城市更新的空间发展谋划 [J]. 规划师，2017，33（S1）：5–10.

[51] 程蓉 . 以提品质促实施为导向的上海 15 分钟社区生活圈的规划和实践 [J]. 上海城市规划，2018（2）：84–88.

[52] 广州市人民政府 . 广州持续推动六脉渠等历史水系修复工程推动西濠涌全面揭盖复涌 . [EB/OL].http：//www.gz.gov.cn/gzgov/gysy2/201906/c95a001bb216431994c8c2cfc8182ea2.shtml.

[53] 乡村与城镇建设 . 广州：传承城市记忆 改善人居环境 . [EB/OL]. http：//www.sohu.com/a/284743785_654278.

[54] 李士燕，胡苇杭 . 广州：微改造让老旧小区跟上城市发展步伐 . [EB/OL]. http：//gd.people.com.cn/n2/2017/1225/c123932–31070384.html.

[55] 林冬阳，周可斌，王世福 . 由"恩宁路事件"看广州旧城更新与公众参与 [M]// 中国城市规划学会 . 多元与包容——2012 中国城市规划年会论文集 . 昆明：云南科技出版社，2012.

[56] 杨希文 . 发掘历史街区新价值构建民间文化产业群——广州恩宁路骑楼街的保护利用 [J]. 城市发展研究，2007（5）：114–118.

[57] 谭俊杰，常江，谢涤湘 . 广州市恩宁路永庆坊微改造探索 [J]. 规划师，2018，34（8）：62–67.

[58] 车妍颖，宋彦杰 . 广州市恩宁路永庆坊微改造探索 [J]. 城市住宅，2019（6）：50–54.

[59] 国家统计局 . 农村经济持续发展 乡村振兴迈出大步——新中国成立 70 周年经济社会发展 成就系列报告之十三 .[EB/OL]. http：//www.stats.gov.cn/tjsj/zxfb/201908/t20190807_1689636.html.

[60] 郑小玉，刘彦随 . 新时期中国"乡村病"的科学内涵、形成机制及调控策略 [J]. 人文地理，2018（2）：100–106.

[61] 刘彦随，严镔，王艳飞 . 新时期中国城乡发展的主要问题与转型对策 [J]. 经济地理，2016，36（7）：1–8.

[62] 刘守英，熊雪锋 . 我国乡村振兴战略的实施与制度供给 [J]. 政治经济学评论，2018（4）：80–96.

[63] 张京祥，申明锐，赵晨 . 乡村复兴：生产主义和后生产主义下的中国乡村转型 [J]. 国际城市规划，2014，29（5）：1–7.

[64] 张强，张怀超，刘占芳 . 乡村振兴：从衰落走向复兴的战略选择 [J]. 经济与管理，2018（1）：6–11.

[65] 吴传钧 . 论地理学的研究核心——人地关系地域系统 [J]. 经济地理，1991，11（3）：1– 6.

[66] 樊杰 .“人地关系地域系统”学术思想与经济地理学 [J]. 经济地理，2008，28（2）：177–183.

[67] 李智，张小林，陈媛，李红波 . 基于城乡相互作用的中国乡村复兴研究 [J]. 经济地理，2017，37（6）：144–150.

[68] 刘彦随 . 中国新时代城乡融合与乡村振兴 [J]. 地理学报，2018（4）：637–650.

[69] 何仁伟 . 城乡融合与乡村振兴：理论探讨、机理阐释与实现路径 [J]. 地理研究，2018，37（11）：2127–2140.

[70] 李文荣，陈建伟 . 城乡等值化的理论剖析及实践启示 [J]. 城市科学，2012（1）：22–25，29.

[71] 刘彦随，陈聪，李玉恒 . 中国新型城镇化村镇建设格局研究 [J]. 地域研究与开发，2014（6）：1–6.

[72] 张健生，任贵 . 米尔顿 · 桑托斯分享空间理论评介 [J]. 经济学动态，1994（6）：69–72.

[73] 安虎森，郭莹莹 . 国外乡村振兴理论及其对我国的启示 [J]. 开发研究，2019（3）：47–53.

[74] 杨建国，鞠萍 . 十九大后乡村振兴研究的知识图谱与进路研判——基于 CNKI 中 CSSCI 及核心期刊论文的计量分析 [J]. 地方治理研究，2019（2）：53–69.

[75] 王亚华，苏毅清 . 乡村振兴——中国农村发展新战略 [J]. 中央社会主义学院学报，2017（6）：49–55.

[76] 党国英 . 乡村振兴战略的现实依据与实现路径 [J]. 社会发展研究，2018（1）：9–21.

[77] 黄祖辉 . 准确把握中国乡村振兴战略 [J]. 中国农村经济，2018（4）：1–11.

[78] 陈锡文 . 从农村改革四十年看乡村振兴战略的提出 [J]. 行政管理改革，2018（4）：4–10.

[79] 杨玉珍，黄少安 . 乡村振兴战略与我国农村发展战略的衔接及其连续性 [J]. 农业经济问题，2019（6）：77–85.

[80] 陈坤秋，龙花楼，马历，张英男 . 农村土地制度改革与乡村振兴 [J]. 地理科学进展，2019，38（9）：1424–1434.

[81] 任常青 . 产业兴旺的基础、制约与制度性供给研究 [J]. 学术界，2018（7）：11–23.

[82] 姜长云 . 推进产业兴旺是实施乡村振兴战略的首要任务 [J]. 学术界，2018（7）：1–10.

[83] 孔祥智 . 产业兴旺是乡村振兴的基础 [J]. 农村金融研究，2018（2）：9–13.

[84] 徐腊梅，马树才，李亮 . 我国乡村发展水平测度及空间关联格局分析——基于乡村振兴视角 [J]. 广东农业科学，2018（9）：142–150.

[85] 郑家琪，杨同毅 . 乡村振兴评价指标体系的构建 [J]. 农村经济与科技，2018（17）：38–40.

[86] 韦家华，连漪 . 乡村振兴评价指标体系研究 [J]. 价格理论与实践，2018（9）：82–85.

[87] 吴思斌，刘细发 . 发展旅游产业推进乡村振兴 [J]. 人民论坛，2018（6）：72–73.

[88] 王曙光，王丹莉 . 乡村振兴战略的金融支持 [J]. 经济观察，2018（2）：69–70.

[89] 张红宇 . 乡村振兴战略与企业家责任 [J]. 中国农业大学学报（社会科学版），2018（2）：13–17.

[90] 王晓毅 . 完善乡村治理结构，实现乡村振兴战略 [J]. 中国农业大学学报（社会科学版），2018（3）：82–88.

[91] 蔡文成 . 基层党组织与乡村治理现代化：基于乡村振兴战略的分析 [J]. 理论与改革，2018（3）：62–71.

[92] 段鹏超 . 乡村振兴中的基层党建工作如何抓 [J]. 人民论坛，2018（16）：188–189.

[93] 邓坚 . 乡村振兴战略背景下新乡贤文化建设的困境与途径 [J]. 学术论坛，2018（3）：169–173.

[94] 宋圭武 . 乡村振兴与新乡贤文化建设 [J]. 学习论坛，2018（3）：41–46.

[95] 李小静 . 乡村振兴战略视角下农村人力资源开发探析 [J]. 农业经济，2018（7）：63–65.

[96] 何晓琼，钟祝 . 乡村振兴战略下新型职业农民培育政策支持研究 [J]. 中国职业技术教育，2018（3）：78–83.

[97] 龙花楼，张英男，屠爽爽 . 论土地整治与乡村振兴 [J]. 地理学报，2018，73（10）：1837–1849.

[98] 孔雪松，王静，金志丰，佴玲莉 . 面向乡村振兴的农村土地整治转型与创新思考 [J]. 中国土地科学，2019，33（5）：95–102.

[99] 龙花楼，屠爽爽 . 土地利用转型与乡村振兴 [J]. 中国土地科学，2018（7）：1–6.

[100] 盛方富，马回，田水连 . 我国乡村发展历程及未来政策走向研究——基于对 20 个中央“一号文件”的研究 [J]. 农业考古，2019（1）：246–250.

[101] 武前波，俞霞颖，陈前虎 . 新时期浙江省乡村建设的发展历程及其政策供给 [J]. 城市规划学刊，2017（6）：76–86.

[102] 杨洪海，刘涛 . 江苏省实施村庄环境整治 推进城乡发展一体化 [J]. 城乡建设，2013（10）：64–66.

[103] 江苏省人民政府 . 江苏乡村振兴十项重点工程实施进展情况新闻发布会 . [EB/OL]. http ：//www.jiangsu.gov.cn/art/2018/8/30/art_46548_123.html.

[104] 王秋婧 ."资本空间化"视角下东莞村镇建设发展历史研究（1978—2008）[D]. 广州：华南理工大学，2018.

[105] 东莞市统计局 . 改革开放 40 周年东莞系列课题研究报告之二：改革开放 40 年东莞工业经济发展情况 .[EB/OL].http ：//tjj.dg.gov.cn/website/web2/art_view.jsp?articleId=13177.

[106] 黎锡浩 . 东莞市"市直管辖"扁平化行政管理体制改革研究 [D]. 武汉：华中科技大学，2016.

[107] 央广网 . 推进农村综合改革有了"东莞经验". [EB/OL].http ：//news.cnr.cn/native/city/20151203/t20151203_520681532.shtml.

[108] 腾讯网 . 东莞农业农村局局长张永忠：打造乡村振兴样本，助力"品质东莞"建设 . [EB/OL]. https ：//new.qq.com/omn/20190327/20190327A0IW35.html?pc.

[109] 东莞市统计局 . 改革开放 40 周年东莞系列课题研究报告之一：迈入高质量发展新时代——改革开放 40 周年东莞经济社会发展综述 .[EB/OL].http ：//tjj.dg.gov.cn/website/web2/art_view.jsp?articleId=13167.

[110] 尹国强，黄慧敏 . 回顾与展望：东莞农村改革发展 30 年 [J]. 南方农村，2009，25（3）：10–14.